CHINA AND THE WEST

中国はリベラルな国際秩序に対する脅威か？

H.R. McMASTER
MICHAEL PILLSBURY
VS.
KISHORE MAHBUBANI
HUIYAO WANG

H・R・マクマスター
マイケル・ピルズベリー
VS.
キショール・マブバニ
王輝耀

〈訳〉
船山むつみ

〈解説〉
佐橋 亮
東京大学准教授

楽工社

目次

◉反論タイム

◉貿易問題

凡例　〔　〕内は訳注。
第1章、第2章および解説の小見出しは、日本語版編集時に編集部が付記したものです。

ピーター・ムンクからの手紙

妻メラニーと私は、ムンク・ディベートを始めてから、このイベントが瞬く間に人々のイマジネーションを刺激するようになったことに感謝してきました。２００8年5月の初開催以来、私たちが主宰してきたこのイベントは、カナダでも、そして国際的にも、最もエキサイティングな公共政策のディベートのひとつになっていると信じています。ムンク・ディベートはこれまで、グローバルな視野で、さまざまな問題に取り組んできました。人道的介入、国際援助の有効性、地球温暖化の脅威、宗教の地政学的な影響、中国の台頭、欧州の衰退などです。こうした緊急のテーマは、世界第一級の頭脳にとって、そして実践家にとっての知的・倫理的な基盤となってきました。ヘンリー・キッシンジャーから、トニー・ブレア、クリストファー・ヒッチェンズ、ポール・クルーグマン、ピーター・マンデルソン、ファリード・ザカリアなどの人々です。

ムンク・ディベートで提起した問題は、それらの問題についての人々の関心を高めただけでなく、私たちの多くをもっとその問題に関わらせ、ひいてはグローバル化に対する恐れを軽減してくれました。人はややもすれば内向きになりがちです。外国人嫌いにも、国粋主義者にもなりがちです。未知の人々の中に入っていくことは難しいものだからです。多くの人々にとって、グローバル化はせいぜい抽象的な概念に過ぎません。この討論のシリーズの目的は、変化の速い世界で何か起きているか、もっとよく知ってもらい、私たちすべての未来をかたちづくっていく問題点や出来事について、世界的な対話にもっと気軽に参加してもらうことです。

今、あまりにも多くの緊急の課題があることは私が言うまでもないでしょう。地球温暖化、極度の貧困による窮状、大量虐殺、それに脆弱《ぜいじゃく》な金融秩序……。これらは人々に重大な影響を及ぼす緊急の問題の一部に過ぎません。私たちが注目しなければならない、こうした緊急の問題の数が増え、ますます顕著になるのに正比例して、逆に、こうした問題についての公開討論の質は衰えているのではないでしょうか。私も、財団の理事会のメンバーもそう考えています。

ムンク・ディベートは、まさに今、世界的な対話が必要されている、きわめて重要なテーマを取り上げることによって、世界最高レベルの頭脳の考えや意見を紹介するだけでなく、人々の情熱をかき立て、知識を深め、それによって、人類が直面する難題に立ち向かう助けとなっているのです。

困難な課題に直面するとき、人間の最も優れた能力が発揮されるということを、私はこの人生で学んできましたが、皆さんもきっとこの考えに賛成して下さると思います。この討論会が、討論に参加する方々がお互いに意見を闘わせるだけでなく、聞き手である私たちにとっても世界が今直面している重要問題について明晰《めいせき》かつ論理的に考えるための助けとなってくれることを願っています。

カナダ　オンタリオ州　トロント
オーリア財団　創立者
ピーター・ムンク（1927〜2018）

第1章

司会者
ラッドヤード・グリフィスによる
事前インタビュー

- ◉H・R・マクマスターとの対話
- ◉マイケル・ピルズベリーとの対話
- ◉キショール・マブバニとの対話
- ◉王輝耀との対話

H・R・マクマスターとラッドヤード・グリフィスの対話

ラッドヤード・グリフィス（以下＝R・グリフィス）　マクマスター将軍、討論会参加のためにトロントまでおいでいただき、ありがとうございます。今夜の討論であなたのご意見をうかがうのを本当に楽しみにしています。

ハーバート・レイモンド・マクマスター（以下＝H・R・マクマスター）　ありがとう、ラッドヤード。討論会にお招きいただき、光栄です。私も楽しみにしています。

R・グリフィス　私も司会者を務めることを光栄に思っています。まずは直接、本題に入って、あなたが今の中国を、そして世界における中国の役割をどう考えているか、話していただけますか。私が興味深いと思っているのは、あなたがこの衝突を必ずしも経済だけのものとは考えていないことです。この衝突にはほとんど実存的といっていい側面があり、民主的な世界秩序と、非常に強い力をもつ新興の政権、あなたのお考えでは独裁的な特徴をもつ政権との間の衝突だと考えていることです。そのへんをどうか、説明して下さい。

中国は自由で開かれた社会に対する脅威であり、競争相手（マクマスター）

H・R・マクマスター　実存的な衝突とは、言っていませんよ。私は、競争だと考えています。中国共産党との競争であり、社会のあらゆる自由と個人の権利を抑圧する中国共産党の政策との競争です。同時に、現在の国際秩序に挑戦し、習近平《シー・ジンピン》主席が言うように、中国を核心とし、中国の利益に同調する新しい秩序に置き換える努力の一環として、自国の統治モデルを他の国々に輸出する政策との競争です。いろいろな意味で、これは昔の中国の王朝の朝貢《ちょうこう》制度を再構築する企《くわだ》てです。それに賛同する国々は、中国の属国でいる限りは、貿易の自由を享受することができるというわけです。ですから私は、中国が自由で開かれた社会に対する大きな脅威となっていると考えます。

R・グリフィス　しかし、これから行われる討論ではきっと、こういう意見を聞くことになるでしょう。自由な国際秩序から最大の恩恵を受けているのはどの国か、それは中国だろう、少なくともここ数十年は中国だ、という意見です。そうであるなら、なぜ、中国が、経済指標からみても、彼らが創り出した社会の健康さという意味からしても、これほどまでに有益な、現在の世界秩序を脅かそうとするのでしょうか？

中国共産党は独裁的資本主義モデルが権力維持に不可欠と考えている（マクマスター）

H・R・マクマスター　確かに、その意見には一理あります。毛沢東が党から敵対者を追放するために発動した文化大革命〔1966〜1977年。100万人超とされる死者、社会制度の破壊に帰結した〕が完全に中国経済を破壊したことを思い出す必要がありますからね。1980年代の中国の経済はまったく無力でした。西側諸国が、そして世界秩序が、中国を歓迎して迎え入れたからこそ、中国は驚くほどの経済成長を成し遂げることができたのであり、８億人の人々が貧困から脱することができたのです。中国の側もまた、改革を行うことでそれを可能にしました。ですから、ポスト冷戦時代の世界にあって、現在の社会秩序に受け入れられた中国が、今後も経済を自由化し繁栄を続け、それと同時にルールに従い、やがて最終的には自国の政治制度も自由化していくだろうと楽観的に考える理由は確かにあります。

しかし、現実には、このような経済改革は胡錦涛《フー・ジンタオ》の下で失速し、習近平の下では完全に逆行しています。２０１８年は、初めて中国の民間部門が成長しなかった年であり、初めて中国経済における国家主導型経済の割合が民間経済の割合に比べて増加した年でした。こういうことが起きているのは、習近平が、他のどんな目標にもまして重要なこととして、党による権力の独占的な支配を強めようと努めているからです。そして中国共産党は、このような国家主導型の独裁的資本主義モデルという構造的特徴こそが権力の支配に不可欠だと考えているのです。

R・グリフィス　今回の討論で出てきそうなもう一つの問題は、なぜ今、アメリカがこの問題に注意を払っているのか、ということです。つまり、これまでの20年、30年、アメリカの中国に対する政策はどうあるべきか、あなたはずっと考えてこられたわけです。あなたはかつてのもっとハト派といえる考え方から、タカ派ともいうべき現在の考え方へ、困難な転換をしたように思えるのです。いったい何が起きているのですか？

中国は国際秩序を自分たちに同調するものに置換すべく動いている（マクマスター）

H・R・マクマスター　これまでの前提、つまり、それにもとづいて政策が立案されてきたところの前提が間違っていたという認識があります。たとえば、ムンク・ディベートでは、8年前に中国に関する素晴らしい討論会を開催していますが、そのときの討論者のひとりがデービッド・リー〔中国の経済学者〕でした。そのとき、リーは「中国は自由化を進めている」と言って、いくつかの例を挙げました。彼は「今では、中国の人々も自分の意見を言うことができます」と言いました。また「若い世代はそれだけでは満足せず、さらなる改革を要求するでしょう」とも言っていました。

しかし、その若い世代は今では洗脳されつつあり、彼らがアクセスできる情報も、国が非常に厳しく管理しています。それに、法の支配などの概念に関する考えや発言も抑えつけられています。法治について発言すると、もし、その人が大学の教授や学生だったら、逮捕されてしまうのです。多くの学生が逮捕され、姿を消してしまいます。後になって、自分の罪を認めるビデオの映像に姿を現すまで。法治に関する書籍は大学の本棚からはずされ、処分されています。労働者の権利を主張するマルクス主義のグループの場合でさえも、大学が捜索され、学生たちが逮捕されています。ですから、今、いったい何が起きているのかというあなたの質問に対しては、アメリカだけでなく、世界中で、中国は自由化を進める気などないという認識が広まっているというのが私の答えです。中国はルールに従って行動する気などない、それどころか、国際秩序から離れ、現在の国際秩序を中国共産党に同調する新しい秩序に置き換えたいと思っているのです。

そういう中国の動きに対して、２０１８年12月には、カナダだけでなく他の16カ国が集まって、西側諸国の企業に対する中国の継続的な産業スパイ作戦を非難しています。もう一つ、今起きていることがあります。それは、南シナ海の開発と島々の軍事基地化を進め、南シナ海の支配を進めようとする中国に対抗するための国際的な協力が進んでいるということです。どの国も、南シナ海を支配すべきではないのですから。

この点は、昨今のアメリカで相反する立場にある人々が同意している数少ない問題のひとつだと思います。同時に、普遍的な権利や、自由でオープンで公平な、相互的貿易・経済関係など、私たちが大切にしているすべてを弱体化させるような秩序を中国が唱道しているという認識が、私たちの属する自由でオープンな社会にはあります。先月（2019年4月）の欧州連合による表明もその表れでしょう。

アメリカは国際秩序や価値観ではなく国益を守りたいだけではないのか？

R・グリフィス　討論では、あなたに対して、次のような反論もあるかもしれません。まず、アメリカが今、貿易問題を重視しているのは、中国がテクノロジーの面でも、経済の面でも、脅威となっていると認識しているからであり、ある意味では、リベラルな国際秩序を守るためでも、普遍的な価値観を守るためでもなく、アメリカの国益を守るために、中国に対抗するためのグローバルな同盟を築こうとしているのだ、と結論を下す人たちもいるかもしれません。このような仮説をあなたが認めないのはなぜですか？

H・R・マクマスター　私がそのような仮説に賛同しないのは、中国共産党が「軍民融合」という戦略を進めているからです。数年前にリークされた「9号文件」と呼ばれる指令があります〔「市民社会」「憲政民主」「普遍的価値」等の喧伝を警戒すべしとする、中国共産党による通達文書。2013年に「ニューヨーク・タイムズ」紙等がその存在と内容を報道した〕。あなたが中国人だったら、この文件の話をするだけで、刑務所に入れられるでしょう。大学などの高等教育機関、民間企業、軍が一体となっての努力を指示する中国共産党の指令です。中国共産党がやろうとしているのは、世界で新興経済国を支配すること、そして、新しいテクノロジーを、自国の目的の達成のために、軍事力に応用することです。このような目的はもちろん、すべての国々にとって危険なものです。中国がインド太平洋地域全体に排他的な勢力範囲を広げようと企《たくら》み、世界中でアメリカ合衆国その他の自由でオープンな社会に挑戦するならば、中国の周辺の国々は基本的に中国の属国になってしまうでしょう。それらの国々は圧政的な国々となります。つまり、中国共産党は世界を独裁政治にとって安全な場所にしようとしているということになります。そうすれば、最も効果的に中国の影響力を拡大することができるからです。

R・グリフィス　今回の討論で登場しそうなもう一つの主張は、中国はきっと、「いやいや、私たちはよき世界市民ですよ」と主張するだろうということです。「中国はパリ協定〔気候変動抑制に関する多国間協定〕のメンバーです。アメリカのようにパリ協定から離脱してはいませんよ」と。中国は言うでしょう、「あなたは中国が南シナ海での領有権を主張していることを批判しています。でも、中国は『海洋法に関する国際連合条約』を批准《ひじゅん》しています。アメリカはしていないじゃないですか」と。こういう例はたくさんありそうです。中国は多国間関係によく配慮しているようにみえるが、アメリカは世界に対して、もっと単独主義の態度を取っているようにみえる例です。こうした主張に対しては、どう答えますか？

南シナ海、債務の罠…中国は世界市民のふりをしているだけ（マクマスター）

H・R・マクマスター　確かに、中国は国際的なフォーラムに参加していますね。その目的は、これらの機関を弱体化させること、そして、覇権主義的な影響力を獲得して、中国を再びステージの中央に戻そうという自らの計画の実現のためにこれらの機関を利用することです。たとえば、中国は２００１年に世界貿易機関（ＷＴＯ）に迎え入れられました。同時に、国の経済を自由化する、国有企業への国の補助金を打ち切る、中国でビジネスをする特権と引き換えに知的財産を強制的に移転させることはやめると誓いました。中国は、そのどれひとつとして、ちゃんと実行してはいません。また、アメリカ合衆国は、航行の自由などについての「海洋法に関する国際連合条約」を批准してはいませんが、実際にはこの条約を守っていますし、国際社会のよき一員であり、国際法を執行してもいます。一方、中国は南シナ海で干拓や軍事拠点化を続け、日常的にこの法律を破っているのです。

また、たとえば、パリ協定に関して言うなら、中国は国際秩序を支持しているように見せかけながら、実際にはパリ協定による努力を台無しにしています。協定は不備なものとなっており、中国はその協定を守ってはいても、地球の環境を汚染しています。パリ協定の欠点は、私たちに間違った安心感を与えていることです。パリ協定は世界で最もひどい汚染国家には対処していないのです。それらの汚染国家のなかにはインドなどの国々もありますが、主に中国です。そして中国は「一帯一路」の構想の下に、南アフリカやケニアなどの国々に260もの石炭火力発電所を輸出しています。中国は実際には世界の秩序を弱体化させているのに、よき世界市民のふりをしているのです。

R・グリフィス　その点については、いろいろ独自のお考えがあるようですが、なぜ、そのことについて、はっきり話そうとお考えになったのでしょうか？　あなたのこれまでのキャリアのなかで経験したことから、そうお考えになったのでしょうか？　もしかして、以前はあなたも、「いや、中国は脅威などではないよ。中国は改革を行うだろう」と考えた外交政策集団の一員だったのに、後になって突然、それとは異なる考えがひらめいたということでしょうか？　それとも、現在のような確固とした信念をもつようになったのは、あなたのホワイトハウス時代の経験からですか？

H・R・マクマスター　私は自分のキャリアのかなりの部分をヨーロッパと中東、中央アジアで過ごしました。もちろん、中国は常に世界でもきわめて重要な国です。私は中国史を学ぶ学生だったこともあります。ウェストポイント（アメリカ合衆国陸軍士官学校）で、中国史を教えたこともあります。しかし、本当に中国について真剣に考えるようになったのは、国家安全保障担当大統領補佐官になってからです。職務の重要な側面として、現行の政策を再検討するとともに、現行の政策がもとづいているところの仮定を疑ってみる必要がありました。

中国に関する従来の戦略的関与政策を見なおしてみると、中国が国際秩序を支持していくだろうという、実は明らかに誤っている仮定を根拠としていることがはっきりしたので、すぐに方向転換を行わなければならないとわかりました。アメリカは独裁的で閉じられた国と競合関係にあり、その国は自国の国民を抑圧するだけでなく、その抑圧的な統治モデルを他の国に輸出しようとしているのです。アメリカはその事実をわきまえた政策へと移行しなければなりません。

中国と競争しなければならないことがわかったので、私たちがこれから進むべき道は、中国共産党と対話し、「そういう行動をとるのはあなた方のためにならない」と言ってやるべきだ、そして、対立へと続く道を歩き続けてはいけない、と考えました。なぜなら、中国はそれまで長い間、誰からも異議を申し立てられることがなく、ますます強引になっていたからです。ですから、中国は自由化するだろうという仮定にもとづいて中国に関与するのではなく、競争の戦略をとることは適切なことだったのです。

今、世界中でこのような中国に対するアプローチが採用されつつあります。欧州連合の各国でも、北米でも、西側の諸国はどこも、中国がしかけている債務の罠《わな》の行く末を心配しています。中国は融資を受ける国々を自分の側に引き入れ、中国の外交政策を支持させようとしているのです。

エクアドルがその顕著な例です。中国はエクアドルの活火山のふもとにある湖に26億ドルかけてダムを建設しました。ダムのタービンは泥と木材でつまってしまいました。そのダムが始動したとき、全国で大停電を引き起こしました。しかも、まだ新しいのに、たくさんのひび割れがあるというのです。このような相手国を餌食《えじき》にするような経済戦略で、中国がやっているのはこういうことです。ダムを建設してやり、エクアドルがその債務を返済すると同時に、中国はエクアドルの石油輸出の80％を割引価格で買い取り、国際市場で転売しているのです。

ベネズエラの場合をみてみましょう。ベネズエラの国民は飢えているというのに、その後ろで中国は金もうけをしています。中国はキャッシュフローを継続することでニコラス・マドゥロ大統領にてこ入れし、マドゥロ大統領はベネズエラの石油のほとんどすべてを中国に売っています。中国はその石油を使うわけではなく、国際市場で転売して、利ザヤを稼いでいるのです。ベネズエラの国民が飢えているのに、中国は得をしているのです。

ですから、私たちの自由でオープンな社会に対する、このような有害な危険に対決していかなければならないという認識は、アメリカだけではなく、共和党だけでもない、もっと幅広く、大きな支持を得ているわけです。

マイケル・ピルズベリーとラッドヤード・グリフィスの対話

R・グリフィス　マイケル、あなたの著書『Ｃｈｉｎａ２０４９　秘密裏に遂行される「世界覇権１００年戦略」』（*The Hundred-year Marathon*）（日経ＢＰ社）を読んで、大変面白かったので、こんな質問から始めてみたいと思います。あなたが中国についての前提を考え直すようになったのは、いつ、どんなきっかけによるものでしたか？　あなたは中国については特別に興味深い専門家だと思うのです。なぜなら、この問題についての知的な旅をしてきた人だからです。あなたはある地点から出発して、まったく異なる場所に到達していきます。どうして、そういうことになったのでしょうか？

天安門事件は「年寄りがやったこと」でいずれ改革は進むと考えていた（ピルズベリー）

マイケル・ピルズベリー（以下＝M・ピルズベリー）　考え直した瞬間というものがあるわけではありません。実を言えば、１９８９年の天安門事件のあたりから、中国に対するわが国の方向に疑問をもち始めたのです。しかし、今振り返ってみると、アメリカ政府で中国問題を担当していた他の多くの人たちと同様に、私もナイーブで騙《だま》されやすかったのです。あの頃、私たちは、天安門事件は人権に対する大惨事であり、中国の改革路線における大きな後退ではあるものの、しょせんは90代の年寄りたちのやったことであって、彼らはもうすぐこの世を去るだろうと考えていたのです。もっと若い世代の、改革を志す人たちが権力を受け継ぎ、天安門事件のダメージを回復させるだろう、そんなふうに90年代に入るまで考えていました。

振り返ってみると、私にとっては非常に辛い思い出もあります。北京を脱出してフランスに行き、亡命政府を作ってリーダーを選び、中国に民主主義と自由市場をもたらすためのプラットフォームになっていた亡命者たちに対して、資金援助をしないという決定をジョージ・H・W・ブッシュ大統領〔任期１９８９～93年〕が下したことです。彼らの話を聞き、彼らが行った選挙を調査するために、パリに派遣されたのは私だったからです。

１９９５年、２隻の空母を派遣した事件でも〔第３次台湾海峡危機のこと〕、アメリカはまた、同じような行動をとりました。私と同様、親中国派だったビル・ペリーが国防長官だったときです。中国が台湾海峡を越えて２発の長距離ミサイルを発射したことに、ビル・ペリーは私と同じくらいショックを受けていました。運が悪ければ、大勢の人々が殺されたかもしれない行為だからです。アメリカは懸念を表明するために、２隻の航空母艦を派遣しましたが、それによって事態が鎮静化しそうにはありませんでした。

私たちも目を覚まして、自分たちが考えていたのとはまったく違う中国に対処しなければならないことを理解したはずだと思うかもしれませんね。しかし、あのとき、中国はこう言いました。「悪いのはアメリカだ。アメリカが台湾の総統選挙、初めての直接選挙を応援したのだから。こんなことになったのも、もともとそっちのせいだ」と。中国の言い分にはいくらか真実も含まれていました。アメリカは台湾の直接選挙を応援したのです。こうして、私を含む皆がまた、こんな考えに落ち着いたのです。「彼らももう90代だ。こういうこともすぐに過去のことになるだろう」と。しかし、これらの過ぎてゆく出来事の一つひとつが——今、そのうちの二つについてお話ししましたが、実際には六つの出来事があったのです——私たちをますます不安にさせました。それでも、私たちはこう言って自分たちをなだめていたのです。「こういうことも、もうじきに過ぎてしまうことだ」と。私たちはまったく間違っていました。

R・グリフィス　あなたはずっと中国問題を研究してこられましたね。中国の経済の自由化がやがては政治の自由化へと進むという、私たちが実現を願ってきたこの約束が、ここ10年ばかりの間に完全にストップしてしまったのは、なぜだと思いますか？　こんな状態になってしまったのは、現在の指導者の問題なのでしょうか、それとも、それとは別に、中国社会には政治の自由化を阻《はば》む別の力学が働いているのでしょうか？

表に出てこないタカ派が中国の政治の自由化を阻んでいる（ピルズベリー）

M・ピルズベリー　その両方ですよ。中国のリーダーシップの内側で働いている力学と、外部からは見えない中国のタカ派の隠れた影響力の両方です。彼らはスティーブン・バノン〔アメリカの保守派のオピニオン・リーダーで、トランプ大統領の側近〕とは違って、テレビに出て自分の意見をしゃべったりはしません。中国のタカ派は非常に強い力をもっていますが、外の世界では知られていません。タカ派とは、中国の将軍たちや、情報部門の幹部たちで、私は彼らにいろいろ対応してきました。彼らは自分の意見を隠しています。だから、私たちはずっと自分を騙してきたのです。私たちの側も、中国とはきっとなにもかもうまくいくはずだと信じたいので、ますます中国のタカ派の沈黙に騙されてしまっていたのです。そのはっきりした例についてお話しましょう。中国の軍部が私の本を翻訳したのですが、その本を機密扱いにしました。党員と軍人だけが買うことができるのです。私は最近再会したある将軍に尋ねました。「いったい、あの本のどこがいけないんですか？」。すると、彼はこう答えました。「あなたは中国がアメリカを騙したと書いてるじゃないですか。でも、私たちは中国が複数の政党による民主主義になるとか、自由市場になるとか、そんなことを言ったことは一度もありませんよ。あなた方がそう言ったときに、ただ黙っていただけです」。確かに、彼の言うとおりです。私のメモを読み返してみても、中国のタカ派たちが、「ピルズベリー博士、いつか中国も、アメリカ大統領選挙のニュー・ハンプシャー予備選挙のような選挙を行って国家主席を選ぶと誓いますよ」などと言ったことはありません。確かに、そのとおりです。

本音を隠して相手を欺くやり方は中国の文化の一部？

R・グリフィス　あなたはかつて、中国のこのような本音を隠して相手を欺《あざむ》くやり方は、1000年以上前の春秋戦国時代にさかのぼることができると分析していましたね。つまり、それはイデオロギーによるものというだけではなく、中国の文化の一部なんですね。

M・ピルズベリー　そうです。しかし、このように私たちが中国側のごまかしを誤解してしまったのは、大学院で中国について習ったことのせいでもあります。私はコロンビア大学で中国政治を研究して博士号を取りました。しかし、春秋戦国時代については習わなかったのです。相手を欺くことの重要性についても習わなかったのです。私はそれを現実のなかで中国人たちから学びました。中国には外交関係をどのように行っていくか、軍事戦略をどのようにするかについての独自の教科書があるのです。私たちは随分後になってから、これらの教科書を入手して、やっと理解し始めました。「そうか、そういうことだったのか」と。それらの教科書には、超大国に対しては「韜光養晦《とうこうようかい》」〔自分の実力や計画を隠しておくこと〕が最も有効なツールだと書いてあるのです。自分たちが相手を追い越せるときまで、そうすべきだと書いてあるのです。

その本を読んだ人はすぐ気づくでしょうが、中国にはこういう素晴らしいことわざがあるのです。「鼎《かなえ》の軽重《けいちょう》を問うべからず」というものです。

この言葉は春秋戦国時代の物語から来ています。帝国（周）から権力を奪おうと欲しているある国（楚）の指導者（荘王）が、皇帝の孫にうっかりこう尋ねてしまいます。「宮殿にある鼎の重さはどれほどか？」と〔九つの鼎は皇帝の権力の象徴であり、その重さを問うということは、それを持ち去る意思があるという意味になる〕。中国のことわざというものはとても生き生きとしていますね。こういうことわざを知っていることが、中国では教養のある人ということになっています。

そうです。鼎の軽重を問うてはいけないのです。しかし、習近平はそれをやってしまったという人もいます。彼は自分の手の内を早く見せ過ぎたというのです。トランプ大統領との貿易戦争を誘発してしまった、南シナ海の軍事基地化も進めてしまった、という批判があります。オバマ大統領にそんなことはしないと約束したはずなのに。習近平は中国のリーダーの本来あるべき姿よりも傲慢《ごうまん》だということで批判されているのです。

ところで、２０１１年に「中国は21世紀の覇者となるか?」というテーマで行われたムンク・ディベートで、ニーアル・ファーガソンが、「中国は傲慢になった。こういう行動をとったことを後で後悔するだろう」という趣旨の発言をしていましたね〔『中国は21世紀の覇者となるか?』(*Does the 21st Century Belong to China?*) 早川書房〕。

R・グリフィス　あなたはきっと、こんなふうに批判されたことがあるんじゃないでしょうか。「中国にはもともと人を騙そうとする文化があるなどと言うのは、まるで黄禍論《おうかろん》〔19世紀半ばから20世紀前半に白人国家で広がった黄色人種脅威論〕の時代に戻ったみたいな態度じゃないか。中国人は私たちとは違う、私たちが世界を見るのと同じように世界を見ることができない人たちだとでも言うつもりか」とね。

M・ピルズベリー　そうでしょうね。でも、私だって、中国人だけが人を騙すなどと考えるほど馬鹿でもないし、人種差別主義者でもありません。実を言うと、今お話した中国の戦略の教科書では、西側諸国の騙しのテクニックを比較し、褒《ほ》めたたえているのです。一つの例として、ノルマンディー上陸作戦の話があります。実は私もそれまで知らなかったのですが、米、英、カナダの連合軍はカレーを盛大に爆撃したのです。多くのパイロットが殺され、多くの飛行機が撃ち落されました。それもすべて、連合軍はノルマンディーよりイギリスに近いカレーから上陸するだろうと敵に思わせるためだったのです。この作戦を中国人は褒めたたえているのです。この策略で、第2次世界大戦は勝てたのだというのです。

もう一つ、有名な騙しの話があります。イギリス軍とアメリカ軍がスペイン沖で潜水艦から死体を流したそうです。ナチスはこの死体を見つけ、「おお、手首に手錠でブリーフケースを付けているぞ」と言って、開けてみました。ブリーフケースには地下鉄の切符、オペラの切符、それから、アメリカ軍がフランス南部に上陸するという作戦地図が入っていました。それはまったくの嘘だったのです。ロンドンでアイゼンハワーとチャーチルが企《たくら》んだことだったのですが、これがうまくいったのです。中国人はこの話が大好きなんです。ですから、中国人が騙しの作戦をとって、それがしばしばうまくいっているという話をしても、私が人種差別主義者だということにはなりませんよね。中国人は「我々とは違う」なんて言っていませんからね。中国のその教科書には、騙しがうまくいくのは相手に信頼されたときだけだとはっきり書いてあるんですよ。人を騙すような人ではないと相手に思われて、初めて相手を騙すことができるんです。

「トゥキディデスの罠」理論に賛成できない2つの理由（ピルズベリー）

R・グリフィス　最後の質問です。有名なあの言葉、つまり、「トゥキディデスの罠」のたとえです〔アメリカの政治学者グレアム・アリソンの造語〕。これは古代ギリシャの歴史家トゥキディデスにちなむ言葉です。トゥキディデスは、アテネの勃興はスパルタにとって脅威となり、やがて戦争が避けられなくなると予測したといわれています。アリソンによれば、過去５００年を振り返って、スパルタとアテネの対立に似た例を探してみると、このようなライバル関係の例は16ほどあり、そのうちの約75％は戦争につながったそうです。アメリカと中国は今や、この「トゥキディデスの罠」に陥ろうとしているのでしょうか？

M・ピルズベリー　私はヘンリー・キッシンジャーの『中国――キッシンジャー回想録』

(*On China*)(岩波書店)の最終章に書いてあったことに賛成です。彼は戦争が起きるかもしれないと心配しており、その戦争は第1次世界大戦の規模になるだろうと書いています。つまり、敵にも味方にも数百万人という数の死者が出る戦争ということです。私はもう一つの可能性があると考えます。それは、偶発的な戦争の可能性です。ここ数カ月間のことですが、中国のタカ派のなかにこんなことを言っている人たちがいます。「今度アメリカ人が中国の海域に入ってきたら、中国は船を出して、アメリカの船を沈めてしまうか、攻撃するかしよう」と。こんなことを言うのは、ほんの数人の頭のおかしいタカ派だけかもしれませんが、私はその人たちを直接知っているし、彼らは中国政府のなかでそれなりの影響力をもつ人たちです。ですから、不慮の、偶発的な戦争という可能性もあると思っています。第1次世界大戦規模の紛争が起きる可能性については、キッシンジャーはきわめて明確にこう説明しています。そういうことが起きるとすれば、それは北京かワシントンか、どちらかで、タカ派が政権の主導権を握るようなことがあれば——ワシントンの場合は、選挙でという意味ですね——私たちは戦争への道を歩きはじめることになるだろうというのです。

ですから、私は戦争はありえないとは言いません。ほんの15年前のことですが、アメリカの軍事雑誌には、つまり、陸軍、海軍、空軍、海兵隊のどの雑誌の場合もですが、非公式のタブーがありました。中国との戦争についての記事を載せてはいけないというタブーです。そのようなテーマが禁止されていたのは、それが挑発的だからでもありますし、戦争の可能性が低かったからでもありました。しかし、過去3年間には、すべての軍の雑誌に中国との戦争にいかにして勝つかについての記事が多く掲載されています。新しいテクノロジー、新しい軍の展開、そして、よりよい諜報《ちょうほう》活動などの記事です。

中国側でも、かつては、アメリカとの戦争を少しは考えたことがあるとしても、政府高官たちがそれを私に明らかにしたことはありませんでした。戦争といえば朝鮮戦争のことであり、その後、朝鮮戦争のような戦争は二度と起きていませんでした。しかし、5年ほど前に様子が変わりました。中国人は今や、どんなタイプの戦争が起こりうるか、きわめてオープンに口にするようになりました。たとえば、アメリカが他の国を支持した結果として起こりうる戦争です。2年前、ブータンが関わる国境紛争で、アメリカがもしインドを支援していたら、中国は軍事力をもってアメリカを罰しようとしただろうと彼らは言うのです。アメリカ、中国双方の軍隊が、どうしたら戦争に勝てるか、オープンに語り、双方が相手国を想定した軍事演習を行っているわけですから、少なくともいくらかは危険な状態と考えないわけにはいかないでしょう。

私は政治学者グレアム・アリソンの「トゥキディデスの罠」という理論には賛成しません。中国人は彼の考えたこのような理論に賛成しており、それはアリソンにとってよくないことです。なぜなら、この理論によれば、アメリカは理由もなく中国を怖がっており、そのせいで戦争が起きるということになるからです。しかし、中国のことを心配している人々のほとんどは、アメリカは戦争を避けなければならないと考えています。私たちは中国における改革の可能性を高めなければなりません。私も、他の人たちも、その夢をあきらめてはいません。「トゥキディデスの罠」の理論には二つの危険があります。一つは、戦争は不可避であるかのようにみえることです。第二に、アメリカと西側諸国の姿勢が間違った感情にもとづいて考えられていることです。どういうわけか、アメリカはわけもなく、か弱い中国を怖がっており、そのせいで戦争が始まるのだという理屈です。私はこんな理論には賛成できません。

習近平が国家主席になれたのはタカ派にアピールしたから（ピルズベリー）

R・グリフィス　あなたはずっと中国を研究してきたわけですから、西側諸国が自分たちの価値観を中国に植え付けようという考えをもっていたら、中国がどれほど嫌がるか、よくおわかりだと思います。なにしろ、中国は阿片戦争〔1839〜42年〕の敗北による苦しみを経験しているのですからね。西側の価値観を植え付けようとすることは傲慢の極みだと彼らは考えているのではないですか？

M・ピルズベリー　そのとおりです。その点を指摘するとは、あなたもずいぶん鋭いですね。それがあるからこそ、習近平《シー・ジンピン》が２０１２年に中国共産党のトップ（中央委員会総書記）になり、２０１３年に中国人民共和国主席になったのだと思いますよ。彼はそれまでの場合のように、前任のリーダーたちによって選ばれたわけではありません。習近平は薄熙来《ボー・シーライ》という、比較的タカ派の候補者を打倒しなければなりませんでした。薄熙来は終身刑で獄中にあります。習近平がそれを成し遂げられたのは、タカ派にアピールしたからだと私は考えています。習近平の政策にはまさにあなたが今お話になった中国人の感情が織り込まれていました。こんなことを我慢するわけにはいかない、中国はもっと表に出なければならない、中国は立ち上がらなければならない、西洋人の価値観、すなわちロックンロールを押しつけられて黙っているわけにはいかない、というわけです。西洋人の価値観については、ちょっと勘違いをしているようですけどね。

こうして彼はリーダーに選ばれ、タカ派を自分の取り巻きにしているわけです。私たちにとって幸いなことは、ワシントンでの米中の交渉の最初の10ラウンドの交渉相手の代表が改革派であり、改革についての記事を書いたエコノミストだということです。改革派が交渉の代表になることは最近では珍しいことなんですよ。改革派のほとんどが牢に入っていますからね。

キショール・マブバニとラッドヤード・グリフィスの対話

R・グリフィス　キショール・マブバニ、この討論会に参加するためにトロントまでおいでいただき、ありがとうございます。あなたに参加していただけて、まことに光栄です。

キショール・マブバニ（以下＝K・マブバニ）　こちらこそ、ありがとうございます。

R・グリフィス　さっそく本題に入って、なぜ今、中国とアメリカは、貿易問題をめぐってこのような極端な緊張状態になってしまったのか、あなたの考えを聞きたいと思います。いったい何が起きているのでしょうか？

新旧大国間で緊張が高まるのは歴史の常 貿易は真の問題ではない（マブバニ）

K・マブバニ　こうなるだろうとわかりきっていたことですよ。避けられないことです。いつか必ず起きることでした。なぜなら、歴史を通じていつでもずっと、その時々の地政学は世界で一番の大国と世界で一番の新興大国の関係に左右されます。つまり、今ならアメリカと中国です。そして、いつの時代の場合でも、世界で一番の新興大国が世界で一番の大国を追い越そうとするときに緊張が高まるのです。

ですから、それはいつ必ず起きることだったのです。ただし、それがいつ、どのように起きるのかは誰にもわかりません。だからこそ、私は今、米中関係についての本を書いているのです。しかし、それが今年起きているのは、一つには、ドナルド・トランプが大統領だからです。トランプは貿易については実に変わった考え方をする人です。彼は初級レベルの経済学の貿易についてのテストにも合格はしないでしょうね。にもかかわらず、皆が彼を支持しています。ドナルド・トランプが超党派の幅広い支持を得ているアメリカで唯一の争点は、彼が貿易問題で中国に対してとっている姿勢です。

そして、中国側も明らかにアメリカに対して、そしてアメリカのビジネスマンたちに対して、いくつかの戦略的な間違いをしました。ですから、ある意味では、中国は自分がやった間違いの代償を払っているといえます。しかし、結局のところは、本当の問題は貿易ではないのです。本当の問題は、もっと深いものなのです。ですから、たとえ貿易問題が今日、あるいは明日、解決されたとしても、アメリカと中国の間の対立は、これからの数十年にどんどんエスカレートしていくでしょう。

R・グリフィス　私たちは今夜、リベラルな国際秩序について話しあうことになっています。これはある意味では、危険な表現です。「リベラル」という言葉が行き詰まっているからです。あなたは、リベラルな国際秩序をどういうものだと考えますか？　その国際秩序のリベラルな特徴とはなんでしょう？

リベラルな国際秩序の特徴は主権とルール（マブバニ）

K・マブバニ　そうですね、リベラルな国際秩序とはどんなものか理解するうえで、私には有利な点が二つあるんです。まず、私は10年以上にわたって、シンガポールの国連大使の職にありました。ですから、私には、リベラルな国際秩序の中心、すなわち国際連合がどう機能しているのかについての直接的な経験があります。しかし、私のもう一つの有利な点は、それよりもっと重要です。それは、私がリベラルではない国際秩序のなかに生まれたということです。私は１９４８年にシンガポールで生まれました。シンガポールは英国の植民地でしたから、国民、市民として生まれたのではありません。私は英国の「臣民」として生まれました。もっと正確に言えば、英国の「もの」として生まれたのです。

１９４５年以前は、今とはまったく違いました。１９４５年以前には、限られた支配的な国々、植民地主義の国々が世界を動かしており、ルールもなにもない、まったく勝手なやり方で、世界のほとんどのことを決定していました。ですから、1945年という年、特に国連憲章の調印は、世界の歴史の重大な分岐点となりました。このとき突然、人々は自分たちの将来について自分たちで決定できるようになったのです。国連憲章は植民地支配や外国の介入を違法なものとし、主権の概念を生み出しました。私はこれこそがリベラルな国際秩序の一つの柱だと考えています。つまり、自分たちの未来は自分たちが決めるということです。

リベラルな国際秩序の二つめの柱を、私は「ルール」と呼びたいと思います。国連を通して、また、その他の国際機関を通して、国々がやっていいことと、やってはいけないことについてのルールが着実に蓄積されてきました。そして現在この世界では、驚くことに、国々はほとんどの場合これらのルールに従っています。このことからも、1945年以前の世界では簡単に戦争が起きていたことがわかります。国々はすぐに戦争を始めていたのです。しかし、だんだんと、国家間の戦争は斜陽産業になっていき、今では国家間の戦争で人が死ぬ危険性は歴史上最小のレベルになっています。

つまり、リベラルな国際秩序がもたらした進歩には二つあります。まず、人々が自分たちの未来を自分たちで決定できるようになったこと、そして、すべての国が従うべき一連のルールを作り出したことです。これがすなわち、リベラルな秩序というわけです。

R・グリフィス　あなたは確か、雑誌「ハーパーズ・マガジン」にきわめて挑発的に、かつ正論として、こんな小論文を書いておられました。二つの異なる経済的なリーダーシップのモデルがあって、つまり中国対アメリカというわけですが、その影響を理解しようとするなら、中国は自信をもってこれまでの経済発展の業績について語るだろう、それとは対照的に、アメリカでは賃金も収入も停滞したままで、経済格差が広がっているという趣旨でした。あなたはこれから行う討論の一部は、二つの異なる経済秩序についての間の討論になるとお考えですか？　それとも、グローバルな経済秩序はこうあるべきだというコンセンサスがあると思いますか？

アメリカの政治制度は、経済成果を再分配する能力を失ってしまった（マブバニ）

K・マブバニ　私はアメリカの経済体制が悪いと思っているわけではありませんよ。そうではなくて、アメリカの政治制度のなにかが根本的に間違った方向に進んでしまったと思うのです。なぜかというと、経済が成長するとき、政治制度はなるべく公平にその成果を分配するための仲介者として働くものだからです。アメリカについて最もショッキングなことの一つは、どういう理由なのか、よくわかりませんが、主要な先進国のなかでアメリカだけ、下から50％の人たちの平均収入がこれまでの30年間で下がってしまっているのです。もう一度言いますよ、50％、下から半分です。社会のバランスが、そして、経済成長の成果の分配のしかたがどこかおかしくなっているということです。もう一つ、ショッキングな統計があって、私の著書『西洋は終わったのか？』（*Has the West Lost It?*）（未訳）でも紹介しましたが、アメリカの全世帯の３分の２は緊急時の備えとして、５００ドルさえももっていないのです〔このデータの出所として、右の著書には以下のＵＲＬが示されているhttps://www.forbes.com/sites/maggiemcgrath/2016/01/06/63-of-americans-dont-have-enough-savings-to-cover-a-500-emergency/〕。

これも、なにかが間違っているんです。経済制度の問題ではないんです。経済は成長しているんですから。そうではなくて、収穫をどのように分配するかの問題です。ここに、税制という基本的な問題があるわけです。

それから、アメリカと中国の対立に関して私が話そうと思っていることがもう一つあります。それは、アメリカの主要な政治機関は、いわば、巨額の金によって占拠されている、乗っ取られている、ということです。お金がそれらの機関の決定を左右しているんです。だから、経済成長の成果を再分配するための公平な審判、仲裁者としての政府の能力が失われてしまっているんです。その結果、おびただしい数のアメリカ人が苦しんでいます。その怒りがドナルド・トランプの当選の理由でもあったわけです。

R・グリフィス　ここで話を戻して、今晩の討論で相手方が進めてきそうな主張について、考えてみましょう。彼らはおそらく、中国は経済の自由化をやめてしまった、中国は根本的に独裁的な政権なのであって、民主主義にとっても、（リベラル陣営が定義するところの）「リベラルな」国際秩序のビジョンにとっても脅威なのだと言ってくるでしょう。このような批判は、中国で実際に起きていることを正しく言い当てているとお考えですか？

リベラルな国内秩序と、リベラルな国際秩序を、区別して論じる必要性

K・マブバニ　私は、リベラルな国際秩序とリベラルな国内秩序とは、はっきり区別しなければならないと思います。中国は明らかにリベラルな国内秩序の国ではありません。それでも、中国のような非民主主義国が、リベラルな国際秩序のルールに従って行動することには基本的に矛盾はありません。

そもそも、「リベラル」という言葉をめぐって多くの混乱が生じています。ここで、国際関係の分野の二人の学者の発言を引用したいと思います。私は最近、現実主義の立場をとるアメリカの著名な政治学者ジョン・ミアシャイマー〔著書に『大国政治の悲劇』奥山真司訳（五月書房新社）等〕に質問してみました。「ジョン、『リベラルな国際秩序にとって、アメリカは中国よりも大きな脅威だ』とあなたが発言していたと言ってもいいですか？」とね。彼は「いいとも、キショール」と答えました。だから、これは本人の許可を得たうえでの引用です。

次に、ジョン・アイケンベリー〔著書に『リベラルな秩序か帝国か』細谷雄一監訳（勁草書房）等〕の最近の発言です。アイケン

ベリーはリベラルな国際秩序に関する著書のある国際政治学者として著名な人です。彼はこう言いました。「まさか、リベラルな国際秩序が殺される日が来るとは思ってもみなかったよ。殺人ではなく、自殺によってね」。リベラルな国際秩序殺しの主犯は、その擁護者であるアメリカ合衆国ですよ。アメリカはその秩序が制約しているルールから、逃げ出そうとしているんですから。

そういうわけで、今日の世界は、こんなパラドックスの状態にあります。中国は民主主義の国ではなく、アメリカは民主主義の国なのだが、リベラルな国際秩序にとってより大きな脅威となっているのは、非民主主義国ではなく、民主主義国のほうだということです。

R・グリフィス そのお話について、もう少し考えてみたいですね。私たちは中国の独裁主義的な罪についての報道を常日頃たくさん見聞きしています。その罪には、やるべきことをやっていない罪とやってはいけないことをやっている罪の両方があるわけですが。少なくとも、西側諸国のメディアではそう報道されています。多数のウイグル族が収容所に入れられていること、国による徹底した監視システムが採用されていることなどです。私たちは過去の思考パターンに戻って、世界を無理に解釈しようとしているのでしようか？　昔の冷戦神話のような考え方に戻ってしまったということでしょうか？　いや、それどころか、冷戦より昔の、第2次大戦神話に戻ってしまっているのでしょうか？　そのせいで私たちは、今の問題は貿易についての闘いではなく、民主主義と悪の闘い、一部の人たちが言っているように、独裁政権との闘いなのだと考えるようになったのでしょうか？

K・マブバニ　奇妙なことに、西側のメディアも、有識者たちも、ここ20年か30年ほどの間に中国の業績に関してはどんどんネガティブに言うようになってきていますね。中国の人たちの意見を聞いてごらんなさい。中国の歴史が始まって以来、３０００年の間で最もよい30年はいつだったか。彼らはきっと、最近の30年だと言うでしょう。貧困から脱することができたからです。８億人が絶対的貧困から脱出したんですよ。

私が初めて中国に行ったのは１９８０年でしたが、その頃、中国の人々はどこに住むか、どこで働くか、何を着るか、どこで勉強するか、まったく自分で決めることはできませんでした。それに、中国の国民で海外旅行のできる人などいなかったのです。40年近く前ということになりますね。あなたがもし今、中国に行けば、中国の人たちが、どこに住み、どこで働き、何を着て、どこで勉強するか、自分で決めているのがわかるでしょう。共産主義のグーラグ〔旧ソ連の強制労働収容所〕のような国、旧ソ連のように海外旅行を許さなかった国だと思っていたら、驚くでしょう。毎年、1億3400万人の中国人が自由に海外旅行をしているんですから。

R・グリフィス　そのうえ、彼らはちゃんと帰国していますからね。

K・マブバニ　1億3400万人という驚くべき数の中国人が、そのまま外国にい続けることを選ぼうとはせず、自分の意思でちゃんと帰国しているんです。自分の居場所を自分で選ぶことは、力強い信任投票なのかもしれませんよ。これらの人たちは、「私はこの国が好きだ。自分によくしてくれているから」と言っているわけです。彼らはなぜそう言っているのでしょうか?

中国に対する西側の見方には根本的な問題があると私は思っています。西側の人々は、世界の歴史のなかで西洋が世界を支配してきた200年という見せかけの時間枠にとらわれてしまっているのです。西洋による世界の支配には、もう終わりがきているのに。

だから、彼らは完全に異なる世界観のなかに存在する新しい考え方に移行することができないでいるんです。

しかし、中国人の考え方からすれば、これまで2200年の中国の歴史から学んだ明らかな教訓は、こういうことです。中央が弱いと民は苦しむ。中央が強いときは民は利益を得る。ですから、習近平のような強いリーダーは中国では人気があるのです。中国の人たちは習近平が好きです。自分たちの生活がよくなっているからです。

これはアメリカ合衆国とはまったく対照的ですね。アメリカの人口は3億人ほどで、中国の約4分の1ですが、政治の歴史の長さを比べれば中国の10分の1しかない。この政治の世界に出てきたばかりの新興成金の国がこう言っているわけです。「中国よ、私はなにが中国にとって最善か、わかっているよ。君たちは2000年の歴史をもつというが、それなのに、なにが自分たちにとっていいことか、わかっていないんだね」と。

中国のリーダーになった以上は、中国の政治文化を理解し、そのなかで生きていかなければならないのです。中国という国を運営していくには、大変な制約がありますよ。14億もの人々がずっと同じ一つの国にまとまっているなんて、奇跡のようなものだからです。それは恐ろしく大変な仕事です。それには特殊な統治が必要です。単純にトップダウンというのとも違います。どんなことなら国民が受け入れられるか、どんなことなら受け入れられないか、限りなく理解していかなくてはなりません。

だって、14億人が決起しようと決めたら、どんな政府だって抑えることはできませんからね。中国の政治の力学はそんなふうに動いているんです。中国の外にいる私たちが、中国の人々のためにはなにがいいのか、自分たちの方がよくわかっているなどと考えてはいけません。

R・グリフィス　最後の質問です。あなたはシンガポールの出身です。外交官として国を代表する仕事をしてこられたし、シンガポールに住んでいたわけです。この討論会はカナダで始まったものです。アメリカと中国というグローバルな大国がぶつかり合うなかで、カナダやシンガポールのような小さな国が栄えていくためには、そう、栄えていってほしいと私たちは思っているわけですが、少なくとも、生き延びていくためには、どうしたらいいのでしょうか？　現在のこのような状況で、私たちにとっての有利な点があるとすれば、それはなんでしょう？　あるいは、率直に言って、現在の状況は中くらいの強国にとっては、地政学的な観点からしても非常に困難な時期になってしまうのでしょうか?

「象が戦うときも、象が愛しあうときも草は苦しむ」(スリランカのことわざ)

K・マブバニ　今、私たちが思い出すべきは、スリランカのこんなことわざに含まれている知恵です。「象たちが戦うとき、草は苦しむ。象たちが愛しあうとき、草はやっぱり苦しむ」。つまり、超大国どうしが戦っても、愛しあっても、私たちはどっちにしろ、災難に遭うわけです。

私たちにとって重要なことは、第一に、これらの大国を抑制するためには、どんな情勢が最適なのかを見極めることです。この点は私たちにとって幸運なことですが、リベラルな国際秩序が非常に重要です。国連は、ある意味、これらの超大国を抑制する網の働きをする、あらゆる種類のルールを設定してきました。

カナダとシンガポールが、共通の利益として、手を携《たずさ》えて行うべきことは、できる限り国連を強化することです。私がシンガポールの国連大使だったとき、そして、国連のルールや条約を強化しようと努めていたとき、カナダはいっしょに仕事のできる力強いパートナー国の一つでした。なぜなら、カナダも多国間協調主義を強く信じていたからです。もっとも、私は大変驚いたのですが、カナダは一時期、多国間協調主義から離れていった時期がありました。私はカナダのこのような行動をまったく理解できませんでした。というのも、それはカナダの国益に反するからです。しかし、今ではもとの立場に戻ってきてくれています。これはうれしいことです。

ですから、私たちに必要なのはまず、１９４５年以降のルール空間、すなわち、リベラルな国際秩序は、中小国家にとっては非常に大きな贈り物であり財産である、と理解することです。私たちはリベラルな国際秩序を強固なものにするために、ともに努力しなくてはなりません。大国というものは、自分のためにこの国際秩序を弱めようとしがちなのですから。特に、残念なことですが、アメリカがそうなのです。実のところ、私の書いた本『西洋は終わったのか?』(*Has the West Lost It?*)(未訳)の結論も、アメリカが中国を抑制しようと思うなら、最善の方法は国連のルールを生かすことだというものでした。国連のルールは何事にも増して効果的な網なのです。

王輝耀《ワン・フイヤオ》（ヘンリー・ワン）とラッドヤード・グリフィスの対話

R・グリフィス　ヘンリー、王輝耀《ワン・フイヤオ》、トロントまでお越しいただき、ありがとうございます。今回の討論に参加していただくことを大変うれしく思っています。中米関係は緊張状態にあるとなぜあなたが考えているか、意見を伺いたいのです。緊張状態を招いたきっかけはなんだったのでしょう？　どうして、こういう状態になってしまったのでしょう？

「アメリカ・ファースト」が問題の原因　中国は多国間協調主義を守っている（王）

王輝耀　討論会にお招きいただき、ありがとうございます。中国が開放政策をとり始めてから、すでに数十年になります。そして、中国の経済力も強くなってきました。今では、世界第2の経済大国になっており、アメリカの企業もたくさん中国に進出しています。ですから、当然、中米両国の利害もこれまでにないほど結び付いています。しかし、相互の利益が深まるほどに、なんらかの意見の相違や問題、摩擦が生じがちなものです。

とはいえ、現在のような状況になってしまったのは、ドナルド・トランプによるものと言えるでしょう。彼は大統領に就任すると、「アメリカ・ファースト」の道を歩き始めました。それが、現在の貿易摩擦の始まりです。中国は2001年に世界貿易機関（WTO）に加盟し、国内総生産（GDP）は10倍近くになりました。おそらく、10年から15年後には世界最大の経済大国になるでしょう。ですから、どちらの側も、それに適応していく必要があるわけです。

中国はまた、多国間協調主義に喜んで参加しました。いや、恋に落ちて、と言った方がいいくらいです。そして多国間協調主義をしっかり守ってきました。一方のアメリカは多くの合意から撤退しています。トランプ大統領は就任したその日に、環太平洋戦略的経済連携協定（TPP）から脱退しました。それから気候変動抑制に関するパリ協定からも離脱し、ユネスコ（UNESCO）などいくつもの国連機関からも脱退していきます。WTOからも離脱をほのめかしています。脱退した数はずいぶんになりますね。

しかし、現在の貿易問題のもう一つの大きな理由は、アメリカが、大きくもない貿易赤字なのに、「貿易赤字が3750億ドルもある」と言うことだと思います。その半分はアメリカなどの外国企業による輸出だということを理解できていないのでしょう。ですから、中国はたくさん輸出しているようにみえるでしょうが、それによって必ずしも得をしているわけではないのです。それに、この数字には、サービス貿易は含まれていません。中国からは300万人の観光客がアメリカを訪れ、300億ドルを消費していますが、それは数に入っていないのです。アメリカに中国からの留学生は50万人もいて、彼らも200億ドル消費していますが、やはり数に入っていないのです。

こういうこともまた、コミュニケーションの欠如と言えるかもしれません。

R・グリフィス　さきほどの話を続けましょう。中国では、中国が多くの多国間機関に明白な貢献をしているのに、それが正当に評価されていないという不満があるのではないですか？　パリ合意や海洋法など、アメリカが離脱したり、批判したりした多国間機関はたくさんありますからね。それなのに、中国は、少なくとも西側諸国からみれば、アメリカと同じくらい、単独主義的だと考えられがちです。どうしてなんでしょう？　そして、中国の人たちはこれをどう思っているんでしょう?

自国の発展モデルでうまくいくなら中国はそのモデルで歩み続ける（王）

王輝耀　そこには文化の違いが関係していると思いますよ。まず、中国は西側諸国とは異なる発展モデルを追求してきました。最初のうちは、中国の求める発展モデルがやがては西側のモデルに収束するだろうという期待があったかもしれません。しかし、結局、そうはなりませんでした。鄧小平が言ったように、白猫でも、黒猫でも構わない、ネズミを捕れるのがいい猫なのです。ですから、自国なりの発展モデルでうまくいくのであれば、中国はおそらくそのモデルで歩み続けるでしょう。

それに、中国はこれまでの40年の間に、8億人を貧困から救い出しました。中国は世界に貢献してきたし、今では、国連への出資額は世界第2位です。また、多くの西側諸国を含む95カ国のメンバーとともに、アジアインフラ投資銀行（ＡＩＩＢ）を設立しました。アメリカと日本は加盟していませんが。ですから、中国はおおいに多国間協調の努力をしています。特に、「一帯一路」のイニシアティブを通してです。そのために中国はすでに多くの国々で合計400億ドルから500億ドルを使っています。

一帯一路とアジアインフラ投資銀行の目的、現状、影響

R・グリフィス　あなたにその「一帯一路」について質問したいと思います。なぜかというと、同じ一つのことについてまったく別の見方ができるという意味で、この問題は今日の討論の面白い一面になると思うからです。「一帯一路」については、126カ国が協力文書に署名した多国間協調主義の例であり、中国はインフラ建設のために数千億ドルも投資している、この構想によって貿易が増え、運送に要する時間を短縮できた、という主張があります。その一方で、西側ではときおり、「一帯一路」は敵対的な動きであり、中国はこれらの国々を誘惑して、従属国にしてしまうために、「債務の罠」外交

を行っているという見方もされています。同じ物事に対して、これほど正反対の見方があって、そのどちらも真実だということがありうるでしょうか?

王輝耀　まず、「一帯一路」の構想は、ほんの5、6年前に始まったものです。ですから、西側諸国がその利益を実感するには、まだ時間がかかると思います。しかし、2008年の金融危機以来――いや、第2次世界大戦後の西欧諸国の再建のためにマーシャル・プランが実行されて以来、と言ってもいいかもしれません――発展途上国の経済成長を支援するための、世界的な規模の刺激策は行われてきませんでした。

中国はこれまで他の国々から恩恵を受けてきました。あらゆる国々が中国にやって来ました。中国はこれまでの40年ほどわたって、インフラ建設の能力を養い、発展させてきました。今では、世界で最も進んでいると言っていいでしょう。高速鉄道網もあり、10億人がスマートフォンを使い、キャッシュレス社会になりつつあります。ですから、このような新しく発展した専門知識を多くの発展途上国とシェアすることができます。中国はベンチャー投資家のように、シードマネー(創業資金)を投資しているんです。Aラウンド、Bラウンド、Cラウンドがあっていいと思います。全部あっていいのです。

「一帯一路」の原則は、共同で相談し、共同で建設し、共同でシェアすることです。それは多国間協調主義のアプローチで計画されており、さらに参加国が必要です。第2回「一帯一路」国際協力サミットフォーラムは先月（2019年4月）、北京で開催されましたが、うれしいことに、約40人の国家首脳が参加し、150カ国の代表が出席しました。

しかし、ここが肝心なところですが、「一帯一路」はもっともっと多国間協力によるものにすることができるはずです。たとえば、世界銀行、アジア開発銀行、アフリカ開発銀行などの銀行にもっと関与してもらうこともできるでしょう。経済協力開発機構（OECD）や、パリ・クラブもです。「一帯一路」に対して、初めから、特定の立場を取るべきではないと思いますよ。だって、これほど多くの発展途上国が参加しているのはなぜか、考えてみたらいいでしょう。

金融危機以来、このような刺激策のパッケージが必要とされていたのです。中国がこのように、世界を結びつける資本とインフラの専門知識を投入することは、グローバル経済にとって、カンフル剤のようなものと言えるでしょう。世界銀行によれば、「一帯一路」は世界のGDPを0・1％押し上げ、諸国間の貿易コストを1〜2％カットできるそうです。

ですから、「一帯一路」はとてもよいイニシアティブなのです。もちろん、完ぺきとは言えません。さらに改善が必要です。「一帯一路」は始まったばかりです。だからこそ、もっと多くの国々の参加が必要なのです。うれしいことに、イタリアがＧ７の国としては最初に参加していますし、スイス、ルクセンブルク、ギリシャも参加しました。もっと多くの先進国、そしてアメリカ合衆国が中国と協力するなら、「一帯一路」構想は、世界がもっとよい、もっと豊かな未来を迎えるためのグローバルな次世代の刺激策の推進力になると思います。しかし、もし私たちが争うなら、アメリカ以外の国が主導するのはダメだというなら、世界にはエンジンがなくなってしまいます。中国はすでにグローバルなエンジンの一部なのです。

R・グリフィス　あなたはそれが今日の討論の核心だと思っているのですか？　アメリカがグローバルな経済的、軍事的な優位性を失いつつあること、１９８９年のベルリンの壁の崩壊以来これまでずっと享受してきた優位性を失いつつあることを、ますます不快に、不安に感じているということが？

中国とアメリカは「協力的競争関係」にあるべき（王）

王輝耀　そうかもしれません。かつて私はハーバード大学のケネディー行政大学院にいました。そのときの教授で、同校の初代院長でもあるグレアム・アリソンが「トゥキディデスの罠」という面白い理論を提案しました。彼にはほんの1カ月半ほど前に私のシンクタンクで講演をしてもらいました。新興の大国と既存の大国の間には競争が起きるが、平和に共存する道もたくさんあると彼は話していました。それは競争である必要はないのです。もし、アメリカが中国を戦略的ライバルととらえるなら、間違ったシグナルを送ることになります。中国とアメリカは協力関係に、そう、協力的競争関係にあるべきです。結局のところ、世界が「一帯一路」から利益を得ているのですから、中国はもっと西側諸国と関係を深め、どうすればこのイニシアティブをもっとよくすることができるか、考えるべきなのです。「一帯一路」を成功させるのです。アジアインフラ投資銀行（ＡＩＩＢ）には、95のメンバー国があるのですから。インドが最大の受益国であり、カナダや、イギリス、ドイツ、フランスもメンバーです。これだけの国がＡＩＩＢに関与しているのですから、「一帯一路」構想にも参加すればいいのです。

それから、債務の罠についてあれこれ言われていますが。ごく最近のローガン・グループの調査によると、はっきりした例は多くないそうです。知的財産権泥棒、技術移転、債務の罠など、いろいろな理屈を言う人たちがいますが、実例を挙げてほしいものですね。実際にはそういう例が多くあるわけではないんですから。

R・グリフィス　現在、アメリカと中国の間で行われている交渉では、多くの場合、中国はアメリカのモデルを導入するべきだという前提がアメリカ側にあるようにみえます。そのことに、あなたは驚いているでしょうか？　言い方を変えれば、アメリカがいろいろなプロセスの改革を行っているとすれば、中国も同じことを受け入れなければならない、そうでなければ、「取引」はできない、という意味ですね。これは中国ではどう受けとめられているのでしょうか？　というのも、過去には、西洋はどんなときでもアジア諸国に対して自分たちの価値観を押しつけてきたわけですし、それればかりでなく、中国に対しては服従を強いたこともあるわけです。今の状況はそれと同じような、アジアとそれ以外の地域の間の困った歴史の延長なのでしょうか？　西洋はまたそういう悪い歴史を繰り返そうとしているのでしょうか？

王輝耀　私は実際、憂慮しています。それに、人種差別的な考え方をしている人たちもいるという可能性も否定できません。たとえば、最近のことですが、アメリカ国務省のカイロン・スキナーは、文明の衝突の可能性がある、それは白色人種とアジア人種の初めての衝突だ、という言い方をしました。この発言は、アメリカ政府の高官の発言としては、非常に人種差別的に聞こえましたので、びっくりしました〔アメリカ国務省・政策立案局局長のカイロン・スキナーは、２０１９年4月29日にワシントン市内で行われた安全保障セミナーの基調講演で、上記趣旨の発言をしたとされる〕。

こういう冷戦時代のような考え方はやめるべきだと思いますよ。私たちは今、もっと進化した世界に生きているんですから。70年、80年前の、それぞれの国が孤立していた時代、誰もが自給自足していて、間違った情報を得たり、情報にアクセスできなかったりした時代とは違うんです。今では、誰もが十分に情報を得ることができます。世界はつながりあっていて、私たちはお互いに依存しあっています。70年前、80年前には、バリュー・チェーン（価値連鎖）などありませんでした。今では、発達したバリュー・チエーンがあります。私たちはお互いの存在なしには生きられないのです。望むと望まないとにかかわらず、私たちはともに生きなければならないのです。

それが、この70年間、大きな戦争がなかった理由だと思います。貿易は、それが物の移動であれ、資本の移動であれ、この豊かな世界を支えてきました。私たちは新しいイニシアティブによって、それを維持していきたいのです。新しい活力と新しい刺激を望んでいるのです。中国はこれまでの40年間、あらゆる国々から助けられてきました。西側諸国とリベラルな国際秩序から助けられてきました。今度は、中国が貢献する番です。中国はアメリカの地位を奪おうとも思っていないし、世界の警察官になりたいとも思っていません。中国の軍事予算はアメリカのたった4分の1です。後に続く8カ国の軍事費を合計してもアメリカのそれには及ばないのですから、心配する必要はありません。

R・グリフィス　最後の質問です。あなたは、現在の中国とアメリカの間の緊張状態は一時的なもので、現在の人たちで対処しなければならないものだと思いますか？　それとも、不信感が生まれており、今の関係に生じているダメージは将来まで影響の残る深刻なものだ、と憂慮していますか？

王輝耀　米中の貿易関係に正しく対処し、解決できなかったら、壊滅的なことになると思いますよ。現在の市場を見れば、アメリカはぐらついており、もちろん、そのせいで中国もおおいに苦しんでいます。両国の関係がうまくいかないままだと、どちらの国の産業界もやっていけません。ゼネラルモーターズも、フォードも、アメリカでの売上より、中国での売り上げのほうが大きいのですよ。アップルにとっても中国は第2のマーケットですし、ウォルマートは商品の20％を中国から購入し、アメリカのスーパーマーケットに供給しています。ですから、貿易戦争をするのは、どちらの国の政府にとっても、得にはなりません。

多国籍企業がいろいろ懸念しているのは当然のことかもしれませんが、しかし、中国は2019年3月に外国投資法を改正し、外国企業に技術移転を強要することを禁止しました。いかなる知的財産権への侵害も厳しく罰せられます。知的財産権を侵害することは、いかなる政府にも許されるべきではありません。外国企業は中国企業と同じ扱いを受けなくてはなりません。これでおわかりのように、中国はすでに誤解を正すために多くの行動をとっています。あるいは、過去にはこのような経験をさせることがあったかもしれません。しかし、大体において、中国は真摯《しんし》な態度で問題を正してきていると私は思います。

トランプ大統領に対しても、たとえ脅されても、中国は常にオープンです。世界第2の経済大国ですから、責任があります。世界のことを考えなければなりません。中国とアメリカだけの問題ではないのです。世界全体に影響を与えるのです。世界の2大経済大国がなかよくできなかったら、他の国々すべてが苦しむことになります。すべてのブルーカラーの労働者たち、世界のすべての人々が苦しむことになります。

ですから、これらの問題について協調するのは、アメリカと中国が果たさなければならない責任です。貿易が継続すれば、繁栄が続き、世界経済の成長も続き、そうすれば本当にグローバル化のうまくいっていない部分に対処することもできます。気候変動や、テロなどの問題とも闘うことができます。この問題にきちんと対処しなければ、深刻な結果になります。

第2章

ディベート：
CHINA AND THE WEST

（中国と西側世界）

中国はリベラルな国際秩序に対する脅威か？

◉賛成　H・R・マクマスター、マイケル・ピルズベリー

◉反対　キショール・マブバニ、王輝耀

◉2019年5月9日　カナダ　オンタリオ州　トロント

R・グリフィス　皆さん、ようこそ、いらっしゃいました。今回のムンク・ディベートは、中国についての討論を行います。私は司会のラッドヤード・グリフィスです。今回もまた、この討論会のシリーズの企画をし、司会を務めることができるのは光栄です。

北米全体でCPAC（カナダ公共問題チャンネル）テレビで視聴中の皆さん、アメリカ全土でC‐SPAN（衛星公共問題ネットワーク・ケーブルテレビ）で視聴中の皆さん、WNEDとその姉妹局で視聴中の皆さんもようこそ。今夜、皆さんとごいっしょできることを大変うれしく思います。それから、独占ソーシャルメディア・パートナーであるFacebook.comのウェブサイトで視聴中の皆さんもです。ようこそ。そして最後になってしまいましたが、今回もこのロイ・トムソン・ホールを満席にしている、3000人を超すご来場の皆さん、こんばんは、ようこそ、いらっしゃいました！

こんにちの重要問題についてよりよい討論を行うために、いつも応援してくれる会員の皆さんにも感謝します。あなたがたの応援なしには、この討論会のシリーズを実現することは不可能だったでしょう。そして、もちろん、毎年このように、世界でも最高の頭脳をこのステージにお招きすることができるのも、ピーター・アンド・メラニー・ムンク財団とムンク家の皆さんのご厚意と献身のおかげです。どうぞ、皆さんも盛大な拍手を！　財団とムンク家の寛大な支援なしには、この討論会のシリーズを続けることはできなかったでしょう。ピーター・ムンクは2018年3月に亡くなりましたが、彼の博愛精神はきっと受け継がれていきます。

さて今夜、私たちは今最も重要な地政学的問題について討論します。今夜のテーマは一日中、スクリーン上に掲示されていました。この一週間ずっとニュースでも報道されていました。そのテーマとは、中国の再生が国際社会のパワーバランスにどんな影響を与えるかという問題です。この重要な問題を深く考えるために、こんな命題を用意しました。「中国はリベラルな国際秩序に対する脅威か？」という疑問です。

ここで、この質問に含まれる用語をどう定義するか、考えておく必要がありますね。それは、「リベラルな国際秩序」とは、どういう意味かということです。この「リベラルな国際秩序」という言葉は、私たちの多くが育ってきた世界を表すキャッチフレーズです。人々、思想、物、資本が自由に行き来できる世界です。それは、法の支配によって、つまり、法を定め、法を守ることによって保証される世界秩序です。過去数十年にわたって、この世界秩序は、政策決定の方法として単独主義よりも多国間協調主義を守ることで支えられてきました。この世界秩序の下では、それぞれの国民国家に民族自決の資格と能力が与えられています。同時にそれは、これまで50年以上にわたって、多くの面において、アメリカ合衆国の軍事力と経済力によって保障されてきた世界でもあります。

そこで、今夜はいくつかの厳しい質問をしたいと思っています。こんな質問です。中国の政治的利害、つまり、中国政府から見た世界観、そして中国政府がこうあるべきだと考える世界観は、リベラルな世界秩序の価値観や制度とは相いれないものなのか。それとも、そのような考え方をすること自体が、中国の世界観に対する基本的な誤解にすぎないのでしょうか。中国政府は、敵ではなく、実は、多極間の競争と混乱の時代における、あるいは、アメリカが単独主義に向かっていると思われる時代における、リベラルな国際秩序の重要な同盟国なのでしょうか。

その答えを見つけるために、いよいよ今晩のディベーター—の皆さんにご登場いただいて、討論を始めていただきましょう。今日の命題「中国はリベラルな国際秩序に対する脅威か?」に対して、「イエス」と答えた側の討論者は、まず、アメリカ合衆国の元国家安全保障問題担当大統領補佐官で、著名な軍司令官(陸軍中将)でもあるH・R・マクマスターです。

今夜の討論でのマクマスター氏のパートナーは、今、アメリカで中国問題についての最も影響力のあるアドバイザーと言われている人です。彼はこれまで複数の政権に助言を与えてきましたし、ドナルド・トランプ大統領に対中国戦略の助言をするうえでは主要な役割を果たしました。ワシントンDCからおいでいただきました、マイケル・ピルズベリーです。

さて、この素晴らしい討論者のチームに対抗するのは、もちろん、それにふさわしい人たちです。今夜の命題に「ノー」と答えるのは、シンガポールの外交官であり、ベストセラー作家でもあり、国連安全保障理事会の議長を務めたこともあるキショール・マブバニです。そして彼のパートナーとなる人は、はるばる北京から来てくれました。グローバル化に関する中国随一の専門家であり、北京の重要なシンクタンクである「中国とグローバル化シンクタンク」の創設者で会長を務めるヘンリー・ワン、王輝耀《ワン・フイヤオ》です。

さて、いよいよ会場の皆さんに今夜の命題について事前投票してもらいましょう。

会場の事前投票では、76%が「中国はリベラルな国際秩序の脅威」と回答

結果が出ました。皆さんのうちの76%が、「中国はリベラルな国際秩序にとって脅威である」と考えています。反対は24%だけですね。ディベートを始めるにあたって、これは面白い投票結果です。しかし、忘れてはいけません。皆さんの考えは意外に簡単にひっくり返されるかもしれませんよ。

次に、第2の質問にも投票していただきます。第2の質問は、「あなたは今夜、自分の意見を変える可能性がありますか?」です。今日の討論者の皆さんの話を聞いた後で、自分の意見を変えてもいいと思っていますか?

イエスかノーか、討論を聞く前とは反対の意見に変わる可能性がありますか? 83%が、意見を変える可能性もあると答えました。さあ、これはとても流動的な討論ということになりますね。どちらの側も、聴衆の皆さんの意見を大きく動かす可能性があります。さあ、討論を始めていただきましょう。最初に、一人ひとりの討論者に6分ずつ、

オープニング・スピーチをしていただきます。登壇の順番については、前もって合意しています。「イエス」の側のH・R・マクマスターから始めていただきましょう。

オープニング・スピーチ

中国は統治モデルを輸出し、リベラルな国際秩序を弱体化させようとしている（マクマスター）

H・R・マクマスター　ありがとう、ラッドヤード。皆さん、こんばんは。この素晴らしいイベントにお招きいただき光栄です。

習近平国家主席の下で、中国共産党は権力支配を強め、世界の主役となり、習主席の公約を遂行して、中国の利害に一致する新しいルール、新しい国際秩序の建設をリードすると決意しています。中国共産党は、国内の統制を強化して人の自由を抑圧し、独裁的支配を広げているだけでなく、その国内の統治モデルを世界中に輸出して、リベラルな国際秩序を攻撃し、弱体化させようとしているのです。

今日のディベートが終了した時点で、「中国はリベラルな国際秩序に対する脅威か？」という質問に皆さんがもう一度投票するときには、「イエス」と答えていただきたいと思います。中国共産党は中国の人々にとってだけでなく、中国以外の世界をも脅《おびや》かしているからです。

まず、リベラルな国際秩序とはなんなのか、そして、なぜ私たちはこのような国際秩序を守りたいのか、考えてみましょう。リベラルな秩序とは、北米やヨーロッパだけのものではありません。西洋だけのものでもありません。リベラルな国際秩序の主要な構成要素は、代議政治、法の支配、言論の自由と報道の自由、プライバシーの権利と信教の自由、そして、起業家精神をもち、勤勉で、社会に貢献する人たちが自分と家族とコミュニティーのためによりよい生活を営むことができる自由市場経済です。

カナダ人の皆さんはこのリベラルな秩序をとても大切に思っている、と私は信じています。カナダは模範的な民主国家であり、二つの壊滅的な世界大戦の後にこのリベラルな国際秩序を築き上げた国々の一つでもあります。ですから、カナダ人は、リベラリズムはたんなるイデオロギーではなく、カナダの多様なモザイク社会で人々の権利を守る統治システムでもあることをよくご存じのはずです。これまで約30年の間、自由な世界の中国に対するアプローチは、中国がリベラルな国際秩序を脅かすことはないという前提にもとづいていました。中国は必然的に西側世界に溶け込むだろう、経済を自由化し、やがて、政治制度も自由化するだろう、と私たちは信じていました。そのような変化を加速させるべく、西側諸国は中国を歓迎し、市場を開放し、資本を投入し、中国人エンジニア、科学者を、いや、人民解放軍の士官たちの養成をも助けてきたのです。しかし、時がたつにつれて、私たちは失望しました。

イデオロギー強化、党内粛清、新疆…30年間の支援は失望に終わった（マクマスター）

私たちは改革に抵抗する中国共産党の力を甘くみていました。そして、党の政策決定にイデオロギーの果たす役割も過小評価していました。習近平は、イデオロギーを生き返らせています。これほどまでにイデオロギーが強化されたのは、あの数千万人を死に追いやった毛沢東の文化大革命〔16ページ参照〕以来、一度もなかったことです。習主席は党を支配するために、党内の粛清を進めています。150万人の幹部が罰を受けました。カナダ連邦全体の公務員の数の3倍以上です。彼はさらに習近平思想についての勉強会を義務づけ、習近平思想のアプリまで導入しました。党は新しいテクノロジーを利用して他の情報源をシャットアウトすると同時に、ジョージ・オーウェルのディストピア小説『1984年』に登場するビッグ・ブラザー（偉大な兄弟）よりももっとひどく人々の生活に入り込んでくる警察監視国家を作りあげているのです。

少数民族や宗教上の少数派は最もひどい迫害を受けています。新疆《しんきょう》ウイグル自治区では、150万人から300万人ともいわれる人々が強制収容所に入れられ、洗脳を受けています。彼らの宗教や文化を抹殺するための洗脳です。さらに新しい収容所を建設中です。党は大学を強制捜索し、学生活動家たちが姿を消しています。彼らは何カ月もたってようやく、自分の罪を自白するビデオで姿を現します。何百人という弁護士、弁護士助手、教授たちが拘束されています。法の支配について書かれた本は大学の書棚から持ち去られ、処分されています。党はまるで強迫観念のように、メディアや人々の間のコミュニケーションを検閲しています。党は日常的に、反西側、反カナダ、そしてリベラルな国際秩序に敵対するプロパガンダ（政治的宣伝）を押し付けており、それとは異なる視点はありえません。中国企業の幹部がアメリカで行った銀行詐欺の容疑で法に従って拘束されると〔アメリカの対イラン制裁に違反する商取引を隠して銀行を欺いたとして、ファーウェイの最高財務責任者兼副会長・孟晩舟容疑者が、カナダで逮捕された事件のこと〕、中国共産党は反西側、反カナダのプロパガンダをまき散らし、人質を取るという手段で対抗しました。

中国はそのようなプロパガンダ作戦を海外でも展開しています。最近、オーストラリア、ニュージーランド、アメリカでの研究で明らかになったことですが、このような作戦が、中国の目的に都合のよいように人々の意見を変えていくために行われています。海外にいる中国人留学生は監視下に置かれ、高等教育に不可欠なものである自由な意見の交換を行うこともできないでいます。党の「統一戦線」政策〔統治目標の実現のため、国内外の非共産党勢力に対し、政治的接近を図る政策〕によって偽の機関が作られ、この機関は偽の書類に首相の偽の署名をすることまでやっています。党は、南シナ海を我がものにしようとするなど、とんでもない侵略的行為に対する批判も黙らせようとしているのです。

中国でビジネスを行おうとする西側の企業に対して、党はその企業と従業員がチベット、台湾などに対する中国の政策を支持するよう要求します。中国は温室効果ガスの削減に努力するふりをしながら、地球の環境に毒をまき散らし、そして、一帯一路政策を利用して……。

R・グリフィス　ありがとうございます。のちほど、すべての討論者のオープニング・スピーチを聞いた後で、あなたにはまた、それらのポイントのうちのいくつかについて話していただきましょう。

さて、王輝耀《ワン・フイヤオ》、次はあなたのオープニング・スピーチを聞く番です。どうぞ。

米国が築いたリベラルな国際秩序から中国はおおいに恩恵を受けてきた（王）

王輝耀　ありがとう、ラッドヤード。ご来場の皆さん、そして、著名なパネリストの皆さん、こんばんは。トロントにお招きいただいて、本当に光栄です。さて、今のマクマスター将軍のお話では、中国は大変な悪者になっていました。しかし、私はもっと客観的に見る必要があると思いますよ。

まず、私の個人的な話から始めたいと思います。私は文化大革命の時代を生きてきた人間です。およそ40年前、私はいなかで働いていて、収入は1日5セントでした。しかし、35年前、私はカナダに来ました。最初に住んだ都市がトロントです。トロント大学で学びました。素晴らしい大学でした。初めての授業の日、ある学生が寄ってきて、私にこう言いました。「触ってもいい？」。私が「いいけど」と答えると、彼は私に触りました。その学生は、「わあ、赤い中国から来たやつに触っちゃったよ！」。なにしろ、赤い中国から来た学生です。よっぽど怖かったんでしょう。私は二度とそんなに怖がられないように願っています。怖がらなくてもいい理由をこれから三つ、お話しします。

第一に、中国は開放政策をとって以来、リベラルな国際秩序からおおいに恩恵を受けてきました。アメリカは、この素晴らしいリベラルな国際秩序を築きました。そこには、国連、世界銀行、国際通貨基金（ＩＭＦ）、世界貿易機関（ＷＴＯ）などのすべてが含まれています。中国はそのすべてを受け入れました。そして、これまでの40年ほどで、8億人を貧困から救い上げることができました。それは、世界の人口の10％以上に匹敵する人数であり、世界の貧困が70％撲滅されたことになるのです。

ハーバード大学の元学長であるローレンス・サマーズが、２カ月ほど前に私たちのシンクタンクを訪れ、中国の変化はおそらく産業革命より大きなプロセスとして歴史に残るだろうと言いました。ＷＴＯに加盟して以来、中国のＧＤＰは10倍に増えました。それも、中国がリベラルな国際秩序を受け入れたからです。中国は世界最大の貿易国です。１００を超える国々が中国の経済活動から恩恵を受けています。世界のＧＤＰの合計に対する中国の貢献は35％を超えています。中国は世界経済のエンジンになっているのです。

中国はすでに世界第2の経済大国になりました。毎年、１億５０００万人の中国人観光客が世界を旅行し、各国で２０００億ドルを消費しています。開放政策が始まって以来、中国は６００万人を超える留学生を世界中に送っています。そのなかには、この素晴らしい国、カナダも含まれます。

今度は中国が世界に貢献する番 一帯一路などはそのためのもの（王）

第二に、中国はリベラルな国際秩序におおいに貢献しています。皆さんはご存じでしようか？　中国は国連の予算の分担率でも世界で第2位なんですよ。平和維持軍の派遣も、国連安全保障理事会の常任理事国のなかで2番目です。また、中国は気候変動に関するパリ協定でも努力をしています。アメリカは離脱してしまいましたが、中国は責任と義務から逃げてはいません。

それから、中国はアジアインフラ投資銀行（ＡＩＩＢ）を設立しました。これは世界各国から歓迎されています。カナダもメンバーですし、イギリスも、フランスも、ドイツも加盟しています。95カ国のメンバー国がありますが、ＡＩＩＢの最大の受益国はどこか、ご存知ですか？　インドです。

習近平主席は5年前に「一帯一路」のイニシアティブを立ち上げました。このイニシアティブはこれからもますます多くの利益をもたらすでしょう。「一帯一路」のイニシアティブにより、沿線の国々にはこれまでに合計４４０億ドルが投資されました。中国はこれまでに各国と１２７の覚書を調印しました。イタリア、スイス、ルクセンブルクなどです。それから、30の国際貸付機関もです。

ですから、中国は本当に貢献しているんです。なぜなら、中国はこれまでの40年間、世界から助けてもらってきたのですから。今度は中国が貢献する番です。「一帯一路」

はそのためのイニシアティブなんです。「一帯一路」は完ぺきではありません。まだ、改善の必要があります。しかし、世界銀行が最近発表した報告書によると、「一帯一路」が実施されれば、世界の貿易コストは１％から２％削減されるとのことです。世界経済は０・１％伸びるそうです。

第三に、中国は、リベラルな世界体制にとって大きなチャンスです。今日、ＪＰモルガンが北京で開催していた15回目の中国グローバル会議が終了しました。ＪＰモルガン・アジア・パシフィックの会長ニコラス・アグジンは、中国経済の成長は世界中のすべての国々の利益になってきたと発言しました。中国はチャンスでもあるのです。中国は85万社の企業を設立してきました。アメリカも中国で６万８０００社を設立しています。今では世界最大の市場でもあり、中産階級が４億人もいます。１００年後には、８億人になっているでしょう。今日付けの「グローブ・アンド・メール」紙によれば、カナダの中国への輸出はこれまで12年間で12％増加し、去年だけでも18％増えたそうです。中国はカナダにとって大きな市場なんです。ご清聴ありがとうございました。

Ｒ・グリフィス　ありがとうございました。続きは後ほど、反論タイムに話していただきましょう。さて次は、マイケル・ピルズベリーにオープニング・スピーチをお願いしましょう。

習近平は2011年に権力闘争に勝利以来、タカ派寄りになった（ピルズベリー）

M・ピルズベリー　ありがとうございます。さて、今ヘンリー・ワンが言ったことすべてに賛成することも、可能でしょう。中国について、いいことばかり話していましたね。しかし、それでもやはり、私たちの側に投票してもらいます。中国は今、グローバルな国際秩序を脅かしているという立場です。問題がいつから始まったのかについても、お話することにしましょう。

問題は2011年に始まったと私は思います。そうです、ラッドヤード、このムンク・ディベートで中国についての議論を行い、ヘンリー・キッシンジャーに登場してもらった年ですよ。あのとき、中国では、誰が次の指導者になるべきか、権力闘争が行われていたのです。その頃、毛沢東時代の革命歌を歌わせる運動〔「唱紅歌」運動〕が行われていました。当時は、私たちはさっぱりそのことに注意してはいませんでしたがね。キッシンジャー博士は実際に、指導者をめぐる闘争のさなかにあった薄熙来《ボー・シーライ》が「紅い歌」を歌うのを聞くために、重慶《じゅうけい》まで行ってきました。そのとき、やはり、この運動におおいに注意を払った人物がいました。習近平です。彼も重慶に行ってみました。それ以来、習近平はタカ派寄りの発言をするようになりました。そして、習近平が権力闘争に勝ったのです。

　中国の政治は、アメリカ大統領選挙の前哨《ぜんしょう》戦として行われるニュー・ハンプシャー予備選挙とか、テレビ討論会のように、「あなたは退屈な人だ」とか、「あなたは元気がなさすぎる」とか、なんでも言いたいことをいっていいものとは違います。中国の政治は血まみれの闘いです。負けた紳士は牢に入っていますよ。薄熙来と彼の支持者たちは今も獄中にあります。その時の争点は、中国が１９８０年代に開始したリベラルな改革を今後も続けるべきかということでした。世界銀行やＩＭＦに加盟する、国連の専門機関を検討し、その一つひとつに加盟する、そして、その多くでリーダーシップを獲得するなどの改革です。そういう改革はすべて、90年代の権力闘争のなかで下火になり始めました。私たちはこう考えたものです。「いや、きっと改革派が復権するに違いない」と。

しかし、そうはなりませんでした。タカ派が復活したのです。

中国の方向を変えるには、タカ派に牢屋に入ってもらわねばならない（ピルズベリー）

このような行ったり来たりの状況を今振り返ってみると、中国では非常に重要なことが起きていたことがわかります。改革派の多くが今、獄中にいます。今夜ここで、王輝耀に中国を代表して発言してくれと頼むのは、あまりフェアではないかもしれません。彼のシンクタンクは世界で最も影響力のあるトップ１００シンクタンクの一つです。しかし、私が彼のシンクタンクを訪れたとき、タカ派の人たちが出てきたでしょうか？　いいえ。しかし、タカ派こそが勝利しているのです。彼らが権力の座についているのです。中国の王輝耀のシンクタンクでは、改革派の人たち、優秀なエコノミストたち、中国のよい部分の人たちに会いました。しかし、彼らは敗北しているのです。

未来の２０４９年のことを考えてみましょう。中国には、この２０４９年という年は、彼らの「100年マラソン」が完了するときだと考えている人たちがいます。私はこの「2049年」という言葉を借用して、自分の著書の書名にしました。彼らに言わせると、このマラソンは平和的なものであり、2049年に完了し、そのとき、中国のGDPはアメリカの3倍になっているそうです。ここ数年来、私たちが見てきたのは――それはオバマ大統領の時代から始まっているわけですが――中国が約束を破っているという事実です。たとえば、「中国は絶対に南シナ海を軍事化しない」という、習主席が自分から言った約束などです。中国がそういうことを言って、まだ舌の根の乾かぬうちに、南シナ海ではミサイル発射実験が行われ、軍隊が配備されています。

また、H・R・マクマスターがたった今述べたように、人々の様々な権利が失われています。信教の自由、言論の自由、集会の自由、自由市場が失われているのです。自由市場も制限されているので、中国における自由度も減少しているようにみえます。あなたの会社も、中国共産党から自由ではいられません。こうなると、疑問に思われるのは、どうしたら中国の方向を変えられるかということです。協力的な中国に戻ることはありうるのでしょうか？　改革派が権力の座に就き、タカ派は……。ちょっと言いにくいですが、タカ派には牢に入ってもらうのです。どうしたら、そうできるのでしょうか？

今日の投票で私たちの側に投票するのも、その一つの方法です。そうすれば、ハーバード大学のグレアム・アリソンがほとんど避けることができないと言っている戦争も阻止することができるでしょう。

ところで、私はアメリカの話ばかりするわけではありませんよ。あなた方の国カナダには、レスター・B・ピアソン〔カナダの第19代首相〕という偉大な政治家がいましたね。1945年には、カナダの駐米大使でした。彼は国連憲章の起草にも参加しました。国連の最初の事務総長に推されましたが、これはソ連が拒否しました。1953年にも推薦されましたが、またもソ連に拒絶されました。ですから、カナダは常にこのリベラルな国際秩序に深く関与し、関心を寄せてきたのです。

残念なことですが、結論を言ってしまうと、2049年のことを予想すると、なにもかも今より悪くなっているように思われます。公害もひどくなっているでしょう。中国で「癌《がん》の村」と呼ばれている地域の数も増えていそうです。検閲も強化されているでしょう。これまでに、150人のチベット人僧侶が抗議のために焼身自殺しています。それも、今より悪くなりそうです。100万人から300万人のムスリムが強制収容所にいますが、これももっと悪くなるでしょう。もしかしたら、改革派の人たちはすべて牢に入っているかもしれません。２０４９年にまたヘンリーをこのディベートに招きたくても、彼も牢に入っていて、もう来られないかもしれませんよ！

暗い予想です。私は80年代が懐かしい。私がレーガン大統領の下で働いていたとき、アメリカは中国に6件の兵器システムを売りました。魚雷を売ったのです。つまり、中国とアメリカは協力できると考えていたからです。でも、今はそうなってはいません。ラッドヤード、私は願っているんです。このムンク・ディベートの結果が、中国に本来あるべき場所に戻ってもらうための役に立つことを。

最後に言っておきましょう。中国は立派に国連というシステムを理解しました。キショールは二度もシンガポールの国連大使を務めましたが……。

R・グリフィス　時間切れです、マイケル。続きは反論タイムにお願いします。

M・ピルズベリー　キショールからぜひ、中国と国連について、お聞きしたいものです。

R・グリフィス　いよいよ、最後のキショール・マブバニに登場してもらいます。持ち時間は6分です。ではキショール、お願いします。

中国は「力の均衡」への脅威であって「リベラルな国際秩序」への脅威ではない（マブバニ）

K・マブバニ　ありがとう。私はカナダに戻ってこられて、とてもうれしく思っています。自分のことを名誉カナダ人だと思ってるんですよ。私はダルハウジー大学で学び、修士号をもらいました。名誉博士号ももらいました。チェスターで夏を過ごしたことが5回あります。それに、10年間にわたって、カナダ担当非常駐高等弁務官の職にもありました。そして、私は有名なカナダ人、ウェイン・グレツキー〔アイスホッケー選手〕から、とてもいいことを学びました。彼はこう言いましたよ。「パック〔ホッケーで、選手が奪い合い、ゴールに入れる硬いゴム製の円盤〕が進んでいく所に向かって滑《すべ》るんだ。パックが今ある所に向かって滑るのではなく」。私が思うに、H・R・マクマスターとマイケル・ピルズベリーは今パックがある場所に向かってスケートしているようです。パックが向かっている場所ではなくてね。

さあ、パックはどこに向かっているんでしょう？　それを考えてみましょう。こんにちの私たちは非常に変化の速い時代に生きています。この30年間に起きた変化は、これまでの３００年、あるいは３０００年の間に起きた変化よりも大きいということを理解しておく必要があります。すさまじい変化の時代なのです。未来の歴史学者たちは、この時代に起きたことを知って驚くことでしょう。なにもかもが今も変化し続けています。

どれほど大きな変化なのか、ちょっとお話してみましょう。１８４２年〔阿片戦争後、香港島割譲などを定めた南京条約が締結された年〕までの２０００年間、世界の2大経済大国はいつも中国とインドでした。ヨーロッパや北米の諸国が活躍したのは、その後の２００年だけです。ですから、世界史におけるこれまでの２００年間は歴史上の大きな逸脱だと言えます。このような逸脱はいずれは自然と元に戻るものです。ですから、中国とインドが復活するのは当然のことなのです。

皆さんのうちの76％が、中国はリベラルな国際秩序に対する脅威だと思う方に投票しました。それはつまり、中国は世界を変えたと皆さんが直観で感じていらっしゃるということでしょう。そうです、確かに中国は世界を変えています。１９８０年にはＧＮＰが購買力平価でアメリカの10分の１だった中国が、２０１４年にはアメリカより大きくなったのですから、なにもかも変わりますよ。それも、たった34年間でここまで変わったのです。

しかし、中国がなにを脅かしているというのでしょうか？　さきほど、マクマスター将軍とマイケル・ピルズベリーが巧みに説明してくださいましたが、中国はリベラルな国際秩序を脅かしているのか、それとも、世界の力の均衡を、そして世界で最大の大国を脅かしているのでしょうか？　この疑問に対する正直な答えは、ただ一つしかありません。中国は世界の力の均衡に対する脅威なのであって、リベラルな国際秩序に対する脅威なのではありません。そのわけをこれからお話ししましょう。中国が突然、舞台に登場して、たった30年で購買力平価で世界最大の経済大国になったのはなぜでしょう？　中国はどうしてそんなことができたのでしょう？　中国にそんなことができたのは、リベラルな国際秩序のルールのおかげです。

「リベラルな国際秩序」、この言葉に、皆さんの多くが混乱していると思います。さきほど、マクマスター将軍とマイケル・ピルズベリーは、中国の「国内」秩序はリベラルではないとおっしゃいました。まったく、そのとおり、私もこれには賛成です。しかし、これは今日の議題ではないのです。今日の議題は、中国がリベラルな「国際」秩序に協力しているかどうかです。私は皆さんに、リベラルな国際秩序とはどんなものか、説明することができます。なぜなら、私は「リベラルではない」国際秩序のなかに、つまり、イギリスの植民地に生まれたからです。植民地では、なんの権利もありませんでした。中国は1842年から1949年〔中華人民共和国建国〕まで、地獄のような100年間を経験しました。そして、リベラルな国際秩序が始まったとき、中国は自国のためになる二つの重要な点を発見しました。リベラルな国際秩序の第一の中心は、主権です。それぞれの国が自国の未来を決めることができるのです。なにをしたいか、自分で決めることができるのです。第二の中心は、ルールです。国際社会で、それぞれの国がやっていいこと、やってはいけないことを定めるルールです。国内で、ということではありませんよ。国際社会で、です。

西側諸国以外の、世界の88%の人々は中国の勃興を歓迎している（マブバニ）

もう一つ、この討論の間、心にとめておいていただきたい統計があります。それは、世界の人口75億人のうち、西側諸国に住んでいるのは12%だけで、残りはそれ以外の地域に住んでいるということです。ですから、中国の国際的な行動について評価を下すなら――もう、一度強調しておきますが、「国際的な」行動、ですよ――その残りの88%が中国の勃興《ぼっこう》に対してどのように反応しているかを考えてみる必要があります。驚いたことに、彼らはそれを歓迎しています。中国と協力しています。今日の討論の私のパートナーである王輝耀は、「一帯一路」でどんなことが起きているか、話してくれました。国々が仲間に入りたくて、行列をなしているのです。もちろん、アメリカは仲間に入る気はありません。それはよくわかりますよ。アメリカが競争相手のナンバー1をわざわざ支援するでしょうか？　するわけはありませんよね。しかし、世界のそれ以外の国々は支援しているんです。

今日のディベートのテーマは、リベラルな国際秩序についてです。ですから、国際社会の感情に注意を払って下さい。ご清聴ありがとうございました。

反論タイム

R・グリフィス　さあ皆さん、議論が白熱してきましたね。次は、各自2分半ずつ、話してもらいましょう。反論タイムです。最初のスピーチと同じ順番でいきますよ。H・R・マクマスター、あなたからです。

一帯一路を通じて中国はスリランカやベネズエラを属国化している（マクマスター）

H・R・マクマスター　ありがとう。さて、「ノー」のチームのお二人は、習近平が世界を独裁体制にとって安全な世界に変えようとしていても、皆さんはそれを喜んで見ているべきだと言っているわけです。今、中国がどのようにして、その独裁的な統治モデルを輸出しているかというと、「一帯一路」プログラムを使って、いろいろな国々にとっても返済しきれない額の貸し付けをして、借金漬けにしてしまうというやり方をしているのです。これらの国々のうち、33カ国ですでに債務が持続不可能なレベルに達しており、8カ国はすでに深刻な財政状況に陥っています。つまり中国がやっていることは、昔の王朝時代にやっていたような朝貢国の制度を復活させて、これらの国々の主権をないがしろにしようとしているのです。それは、世界の中心である中国に隷属することを受け入れなければ、生きていけないシステムです。

キショールは主権の話をしましたが、あの天安門事件の大虐殺から30年たった今、中国の人々がなんの権利もない独裁的な国で幸せだとでも言うつもりでしょうか。彼は最初はアジアの40億人の代表のように話していましたが、今では、北米と西側諸国以外のすべての人々を代表して話しているつもりのようです。アジア地域の国々の人々は、中国が独裁政治を輸出しようとしているのを見て、どう思っているのでしょうか。彼らはおおいに心配し、恐れているのです。

最近、世界でこんな反応が広がっています。たとえば、スリランカのような小さな国で、債務を履行《りこう》し続けることができなくなり、中国の融資を受け入れて属国のような関係になることを選んだ、腐敗した政府が、選挙で否定されているのです。似たような現象がモルディブでも起きましたし、この西半球〔南北アメリカ大陸のこと〕でも起きています。考えてもみて下さい。中国がベネズエラでどうやって金儲けをしているか。マドゥロ大統領に資金を提供し続けて、その見返りに石油の輸出をすべて割引価格で中国に売らせ、それを中国は国際市場で転売しているのです。マレーシアも、中国と属国のような関係を結ばされつつあった国の一つですが、新首相〔２０１８年5月に返り咲いたマハティール首相〕は、これはまるで、19世紀から20世紀前半に列強から中国が強いられていた不平等条約を思い起こさせる、と発言しています。

さあ、おわかりでしょう、中国は独裁的な統治モデルを輸出しているのです。これはもう、アメリカと中国の間の問題でも、カナダと中国の間の問題でもありません。私たちの自由でオープンな社会と閉じられた独裁体制との間の競争なのです。ご清聴ありがとう。

R・グリフィス　ありがとうございます。さあ、これ以降もオープニング・スピーチと同じ順番でいきますよ。次は王輝耀です。どうぞ。

一帯一路はベンチャー・キャピタル・プロジェクトのようなもの（王）

王輝耀　ありがとうございます。私は、マクマスターさんが今おっしゃったこと、少なくとも、彼のおっしゃったことの大部分は、抽象的な理論にもとづいたものであって、事実にもとづいたものではないと思います。私が言えることは、「一帯一路」イニシアティブは5年間進行してきたものであり、実際に世界中の多くの国々に多くの利益をもたらしたということです。金融危機以後、大型の景気刺激プランは実行されていませんでした。ある発展途上国の大使が私にこう言いました。「アメリカが私たちになにをくれたって言うんですか？　ここ20年、30年の間に、うまくいった国際的な開発プランなんて、一つもなかったじゃありませんか」と。

中国は、この40年にわたって、中国に進出してくる多くの国々の企業や、多国籍企業から、いろいろ吸収し、学び、利益を受けて、成長してきました。ですから、今度は中国がお返しをする番、本当に貢献する番なのです。その例として、「一帯一路」イニシアティブがあります。ニューヨークの著名なコンサルティング会社ラディアン・グループによる、中国が実行した過去10年間のプロジェクトについてのレポートを、「フィナンシャル・タイムズ」紙が最近掲載しました。

24カ国で進行中の38件のプロジェクトのうち、14のプロジェクトでは中国が債権を放棄し、11件では融資返済が先延ばしにされています。「債権の罠」という非難を裏付ける明確な証拠はないのです。

ケニアでは、中国によって鉄道が建設されましたが、今では、乗車券が入手しにくいほどです。この鉄道は地元の経済をおおいに助けています。カザフスタンでは、歴史上初めて、直接港へ行く鉄道が実現しました。中国を通ってです。それに、中国とドイツのデュースブルクを結ぶ貨物列車のことも考えてみて下さい。かつては週に40編成の運行でしたが、今では１００編成が走っており、デュースブルクで６０００人の雇用を生み出しています。ギリシャには、中国が運営を助けている港湾があり、以前は扱いコンテナ数、積み荷量で世界で90何番目かでしたが、今では、トップ30位に入っています。

このように、中国が世界のためによいことをしている例はたくさんあります。もちろん、「一帯一路」イニシアティブはまだ発展途上にあります。始まって、まだ5年しかたっていませんが、これは長期的なプロジェクトなのです。ですから、一緒に働こうではありませんか。ベンチャー・キャピタル・プロジェクトのようなものなのですから。中国がシードマネー（創業資金）を出しました。でも、この後にAラウンド、Bラウンド、Cラウンドがあってもいいではありませんか。いっしょにこのプロジェクトを繁栄させていきましょう。

R・グリフィス　ありがとうございました。さあマイケル、あなたの持ち時間も2分半です。始めて下さい。

中国が急激に脅威化したのはこの10年日本等の近隣諸国はよくわかっている（ピルズベリー）

M・ピルズベリー　世界のリベラルな国際秩序は、1945年に国連憲章とともに始まったわけでもありませんし、リベラルな国際秩序に対する脅威は中国だけというわけでもありません。このような秩序、つまり、インドや日本を含む世界中で国際関係理論を学ぶときに、国際秩序はこうあるべきものだと教えられているような国際秩序は、――インドと日本の話はまた後でしますが――1648年に、ドイツの二つの小さな無名の町で始まりました。それまで30年にもわたって、宗教をめぐって続いていた戦争を終わらせるためでした〔1648年に、近代国際法の端緒を開いたとされるウェストファリア条約が締結されたことをさす〕。その戦争では、多くの人々が命を失ったのです。この新しい世界秩序の目的は、第一に、主権を生み出すための条約を考案することでした。第二に、列強諸国の間で戦争が起きることを防ぐルールを作ることでした。第三に、調印した国々は、いくつかの国内のルールを自国内でも守ることを義務づけられていました。この考えは、うまくいきませんでした。かなり長い間、うまくいっていたのですが、永遠にはうまくいきませんでした。1815年に、また別の一連のルールが定められました。今回も、戦争を回避し、秩序を維持し、相違点を調整することが目的でした〔1815年に、ナポレオン戦争後の欧州秩序のあり方を定めるウィーン議定書が調印されたことをさす〕。それは、だいたい100年ほどうまくいきました。国際連盟もまた、似たような話です。アメリカは参加せず、中国はいろいろな協定をめぐって怒り、結局、うまくいきませんでした。

そして、第2次世界大戦です。その後、それまでの努力の延長である努力がもう一度行われて、現在の世界秩序が出来上がりました。そのうちの最初の20年間は、さきほど王輝耀も認めていたと思いますが、中国はこの秩序の一員ではありませんでした。朝鮮戦争や、他のいろいろな理由で、のけ者にされていたのです。その後、中国も加盟し、20年以上にわたって、きわめて真面目にやってきました。中国が今のような脅威になってきたのは、かなり最近、ほんの10年ほどです。そのことは、インドと日本も、よくわかっています。カナダやアメリカ、それからドイツなどの国々が気づいていなくても、中国の近隣諸国が気づいているのです。

インドは今や、アメリカからの軍備の購入では第2位になっています。インドは2年前に国境で軍事的脅威に直面したのです。結局、中国は退却しました。中国がやろうとしていたことが、インド軍の包囲によってできなくなったせいもあります。他にもいろいろ、まだお話ししていないことがありますよ。日本の反応とか、中国が宇宙で使っている巨額の防衛費とか。大気圏外での軍備、極超音速軍備などなど、中国は「絶対にやりません」と自分で言ったことをどんどんやっているのです。

K・マブバニ　二つだけ、簡単に指摘させてもらいましょう。第一に、中国はリベラルで民主的な社会ではないとおっしゃっていますが、私たちは別に反対していませんよ。その点では、別に反論しません。あなた方に賛成です。

M・ピルズベリー　それでは、私たちに投票してくれるのかな?

（聴衆の笑い声）

中国人は以前より自由。外国に行き、自己選択で中国に帰国している（マブバニ）

K・マブバニ　確かに、中国には多くの問題があり、多くの困難に直面しています。しかし、この国について、あと一つだけ話をさせて下さい。私が１９８０年に初めて中国に行ったとき、中国の人々は、どんな服を着るか、どこに住むか、何を勉強するか、自分で選択することはできませんでした。それに、外国に観光旅行に行ける人は一人もいませんでした。本当に、一人もです。

しかし今、皆さんが中国に行ってみればわかります。人々はどんな服を着て、どこに住み、どこで働き、何を勉強するか、自分で自由に選ぶことができるようになっています。そして毎年、この驚くべき「自由のない国」から、1億3400万人の人々が――カナダの総人口の何倍にもなりますね――自由に外国を旅行し、ちゃんと中国に帰っているのです。つまり、自分のいる場所を自分で選んでいるんです。1億3400万人もの人々がですよ。この人たちはどうかしているんでしょうか？　1億3400万人もの人々が、中国でなにが起きているか、わかっていないということでしょうか？　そのことをもう一度考えてみて下さい。

リベラルな秩序の最大脅威がリベラルな社会（アメリカ）というパラドックス（マブバニ）

第二に、哲学で私が学んだうちの最高のコンセプトに、パラドックスというものがあります。現在の世界の状況をみるなら、リベラルな国際秩序に対する最大の脅威は、中国のようなリベラルでない社会ではなく、リベラルな社会、すなわちアメリカ合衆国なのです。私はアメリカで最も偉大な学者のうちの二人に話を聞いたことがあります。（シカゴ大学の）ジョン・ミアシャイマー〔52ページ参照〕はこう言いました。「キショール、ステージに上がって、皆にこう話してくれて構わないよ。「リベラルな国際秩序に対する脅威は、中国でなくて、アメリカ合衆国によるものだ、と私、ジョン・ミアシャイマーが話していたとね」。それから、皆さんはプリンストン大学のジョン・アイケンベリー〔52ページ参照〕の著作を読んでいらっしゃるでしょうか。彼はこう書いていましたね。リベラルな国際秩序が直面している危険は殺害される危険ではない。自殺という危険だ、その秩序を創り出した者たちによる危険なのだ」とね。皆さん、どうか、この点を考えてみて下さい。

貿易問題

R・グリフィス　皆さん、実に素晴らしいディベートになってきましたね。ここからは、私が指名をしながら、いくつかの重要なポイントについて議論してもらいます。まず、キショールが先ほど話しかけたことから始めたいと思いますが、同時に、つい先週のニュースにも触れたいと思います。中国とアメリカの間の貿易問題の緊張がますます深刻になってきたと報道されていますからね。

H・R・マクマスター、あなたから話してもらいましょう。聴衆の皆さんに対して、正直に話してもらいます。あなたは、現在の貿易をめぐる争いは、リベラルな国際秩序を守るためのものではないと認めますか？　現在の貿易をめぐる争いは、中国の経済的、テクノロジー的な力を削ぐことによって、アメリカが安全保障上の利害を追求するために生じているものであり、そうすることによって、この非常に重要な二国間関係に甚大な損害を与えている、もっと深刻なのは、リベラルな国際秩序の足元を揺るがしている、そういう主張に対して、アメリカから反論はありますか？

WTO／自由貿易体制の機能不全 原因はアメリカか中国か？

H・R・マクマスター　ラッドヤード、それは中国共産党が言っていることでしょう？

ここ2年ばかりに起きていることといえば、多分、以前の私たちの中国に対する見方、それにもとづいて中国に対する政策を立案してきたところの見方がまったく間違っていたと、私たちの自由でオープンな社会のどこでも気が付いたということではないでしょうか。ヘンリー・ワンはさきほど、中国がいろいろな国際機関に加盟したことを私たち皆がうれしく思うべきだという話をしていました。しかし実際には、残念なことに、中国の政策がこれらの機関を弱体化させているのです。中国がした約束、たとえば、WTOに加盟したときの約束は破られているのです。どんな約束があったでしょうか？　たとえば、中国は国際企業に対して市場を開放するという約束がありました。もちろん、彼らはそうしたことはしたのですが、それには条件があって、中国でビジネスをするためには、すべての知的財産権を、中国共産党の延長である中国企業に移転しなければならないのです。

もう一つ、あります。外国企業は、中国共産党の外交政策を守り、支持しなければなりません。何百万人という人々が強制収容所に入れられていようと、批判してはなりません。党のチベット政策にも賛成しなければなりません。皆さんもマリオット・ホテル・グループの例を、大手航空会社〔デルタ航空〕の例を、お聞きになったでしょう？　これらの企業も、中国の脅しに遭ったのです〔企業のウェブサイト上で、台湾を一つの国として扱ったと批判され、謝罪を強いられた〕。中国は貿易・経済の慣習を破りながら、このように市場の強制力を使って自分たちに対する批判を黙らせようとしているのです。企業はどうしても、中国に対する経済的なアクセスを維持しておきたいですからね。西側諸国の企業は、前代未聞の規模の継続的な産業スパイ攻撃にさらされているにもかかわらず、です。

キショールは先ほど、問題はアメリカ合衆国と中国の問題であるかのように話していましたが、中国の人々は実は目を覚ましているのです。中国の富裕層がカナダのバンクーバーで不動産を買い漁っているのはなぜでしょう？　彼らにはわかっているからですよ。彼らは、２０１１年以降に中国でどんな変化が起きているか、よくわかっているんです。だから、とにかく、中国から脱出する準備をしておきたい、少なくとも、財産だけは国外に移しておきたいと思っているわけです。私たちも、中国の態度を見きわめなければなりません。今、中国はなぜ、あのような態度をとっているのでしょうか?
　それについては、また別の討論をしてもいいくらいですが、とにかく、習近平が、経済的に合理的であることより——中国の人々にとって経済的に合理的であることよりもですよ——自分の権力をしっかり維持していくことの方を重視しているのが問題なのです。そして、彼が経済を自由化する気がない以上、他人の知的財産を盗みでもしない限り、成長するのは難しくなるわけです。

R・グリフィス　そこでいったん、中断していただきましょう。その点について、王輝耀に話を聞きたいからです。ヘンリー、貿易交渉は今週になって、明らかに頓挫《とんざ》してしまいました。中国の指導部が、経済の支配権を、アメリカが促進してきた市場メカニズム——技術の強制移転の廃止、国有企業に対する補助金の廃止などを含む——に移行させようとしないことが原因のようにもみえます。これらの原則は、リベラルな国際秩序の基本ではないですか? これらの原則は、中国がすでに加盟しているWTOに深く刻み込まれていることではないですか? 中国はなぜ、そういう市場改革に抵抗するんでしよう？　そのせいで、交渉をめぐる緊張はこれまでにないレベルまで高まっているというのに。

王輝耀　先ほどH・R・マクマスターがおっしゃったことには、賛成できません。西側諸国の言うことは、いくらなんでも、言い過ぎだと思います。中国はＷＴＯ加盟以来、世界の条約の制度をおおいに受け入れてきました。もちろん、加盟するためには、いろいろな要件、いろいろな条件があります。それに、毎年、ＷＴＯによる審査もあります。中国はこれまでずっとよい学生ですよ。本当に。

中国はＷＴＯ加盟を通して発展してきました。ですから、もし、中国がＷＴＯが許さないようなやり方で発展してきたというのであれば、ＷＴＯを改革しましょう。言われているような理由のすべてを信じて、一方的に中国に反対しないでください。たとえば、中国がテクノロジーを盗んだとか、テクノロジー移転を強制しているとか言われています。そういうことを言う人たちは、おそらく、ジョイント・ベンチャーのことを言っているのだろうと思います。しかし、ジョイント・ベンチャーはＷＴＯの条件でも、許されていることですよ。

それに、テクノロジーを盗んだとか、テクノロジー移転を強制しているとか言っても、確たる証拠はありません。これまでのところ、私は、テクノロジー移転を強制された企業の実例を一度も見たことがありません。実際、今年の3月のことですが、中国では、政府のどのレベルによるものであれ、テクノロジー移転を強制することを禁じる新しい外国投資法が速やかに可決されました。どんな企業も、知的財産権を盗むことはできません。そんなことをすれば、起訴されます。処罰されます。

ですから、ラッドヤード、あなたが疑問をもったのは正しいと思います。この重要な瞬間にあって、おそらく文化的な問題もあるのかもしれません。中国とアメリカは、どうして、交渉を続けることができないのでしょうか？　だって、中国も交渉を成功させる必要があるし、アメリカも交渉を成功させる必要があります。産業界も、全世界もそれを必要としています。不確実性を望む人は誰もいません。世界の2大経済大国が争っていたら、世界のその他の国々もすべて苦しむことになります。

すべては指導者の決断にかかっています。特に今や、アメリカの指導者の決断にかかっています。関税を引き上げるのは、やめませんか？　今日の深夜に、トランプ大統領は、25％関税を実行します［このディベートは2019年5月9日（アメリカが中国からの輸入品2000億ドル分の関税を10％から25％に引き上げた日の前日）に行われた］。しかし、皆さん、ご存じでしょうか？　中国からアメリカへの輸出の50％は、アメリカの企業の製品なんですよ。ゼネラルモーターズも、フォードも、アメリカで売っているよりも多くの車を中国で売っています。中国はアップルにとっても、世界第2位の市場です。
ウォルマートは、全米のスーパーで販売する商品の30％を中国から購入しています。そのコストに25％が加算されれば、それはアメリカの消費者が支払うことになります。結局、支払うのはアメリカ人なのです。株式市場はこのニュースに敏感に反応しています。誰もこのような不確実性を望んではいません。ですから、この問題は解決すべきです。冷静に考えましょう。アメリカと中国の問題を考えましょう。世界のことを考えましょう。私たちのリーダーシップを世界に示しましょう。

R・グリフィス　この貿易交渉がなぜ失敗に終わったのか、キショールとマイケルの意見も聞きたいですね。キショール、あなたは今週の出来事は、リベラルな国際秩序の未来についての今日のディベートと、どのような関連があると思いますか？

貿易は「試合場」に過ぎない真の問題は米中両大国間の戦い（マブバニ）

K・マブバニ　まず、わかりきったことを、ここでもう一度はっきり言っておきましょう。アメリカと中国の間の不和は、本当は貿易のことではないのです。貿易はただ、両国が戦っている試合場であるに過ぎません。この争いはそもそも避けられないものでした。中国のGNPがこれほど大きくなり、購買力平価ではアメリカより大きくなっているわけですから、アメリカは気分が悪いわけです。脅されている感じがして、仕返しがしたくなったわけです。大国というのは、そういうものじゃありませんか。アメリカの側にすれば、どんどん力をつけてきた競争相手を妨害したいと思うのも、当然のことでしょう。しかし、これはアメリカと中国の間の戦いです。ですから、よく聞いて下さいよ、事実にはよく気をつけて下さい。私の言うことをよく聞いて下さい。両国の言っていることの多くは、プロパガンダ（政治的宣伝）に過ぎないのです。どこまで本当か、わかりませんよ。実際には何が起きているか、それはわかりません。今日はケンカしていたかと思うと、次の日には微笑みあって、握手をして、取引が成立しているかもしれませんよ。本当は何が起きているのか、私たちにはわからないんです。

ですから、両国以外の人々、つまり、カナダ人やシンガポール人など、世界の人々には、こうアドバイスしたいと思います。どうぞ、この古いスリランカのことわざを忘れないようにして下さい。「象たちが戦うとき、草は苦しむ。象たちが愛しあうとき、草はやっぱり苦しむ」

R・グリフィス　さて、マイケル、あなたはトランプ大統領のために対中国戦略に関するアドバイザーを務めましたね。今回のことは、アメリカの単独主義の例だと考える人が多い。私たちカナダ人は、その単独主義がどんなものか、よくわかっていますよ。私たちが調印するよう求められた貿易条約のおかげでね〔米国・メキシコ・カナダ協定（USMCA）のこと。2018年10月合意〕。皆さんも気づいていらっしゃると思いますが、この条約のせいで、カナダは中国と貿易協定を結ぶことができないばかりか、中国政府と交渉することすらできないんです。こんなことがいったい、さきほどあなた方があれほど雄弁に語っていたリベラルな国際秩序の価値観や原則の利益になるんでしょうか？　リベラルな国際秩序の価値観や原則を支持しているに言えるんでしょうか?

H・R・マクマスター　それは、ピルズベリーの考えだったんですよ。

（聴衆の笑い声）

全重要問題を2大国が決めるG2体制は心に留めておくべきビジョン（ピルズベリー）

M・ピルズベリー　そのことなら、私は説明できますよ。皆さんがトランプ大統領の貿易戦略に興味がおありなら、私は説明できます。しかし私はむしろ、象たちが戦うか、愛しあうか、という問題の方に興味がありますね。キショールの話は非常にいいところをついていています。従来、中国とアメリカ、あるいはその他の大国が――いや、ずっと小さい国々の場合でもそうなんですが――あまりにも密接な関係になると、いわゆるG2

（Group of Two）ビジョンにいうとおり、世界のすべての国々に影響をもたらします。このG2ビジョンというのは、あなた（マクマスター）の（国家安全保障問題担当大統領補佐官としての）前任者の一人であり、私のコロンビア大学での恩師でもある、ズビグネフ・ブレジンスキー〔1977～1981年、カーター政権時代の国家安全保障問題担当大統領補佐官〕が提唱したもので、すべての重要問題は、2大国、2大経済大国によって解決され、それ以外の国々はそれを受け入れるしかないという考えです。

この考え方は今もワシントンDCに残っています。実際、大統領が貿易戦争の終わりについて語ったコメントによれば、彼はアメリカと中国の間で関税をなくしたいと考えているんです。アメリカはもっと中国に投資すべきだとも考えています。商務長官〔ウィルバー・ロス〕は、機密であるべき国家安全保障関連の分野以外であれば、どんな分野であれ、中国からの投資を歓迎してきました。中国からの投資を促進するために、見本市なども開催されてきました。つまり、G2ビジョンは、象が愛しあうだろうという考え方であり、中国がグローバルな国際秩序を脅かすのを止めさえすれば、心に留めておくべきビジョンだと思います。

一方、象が戦う場合の方も、重要なシナリオです。両国とも、作戦演習や軍事訓練を始めたり、両国間の戦争についての本を書いたり、スピーチをしたりしています。これは憂慮すべきことです。なぜなら、キッシンジャーの著書に『中国――キッシンジャー回想録』（原題 *"On China"*）という本がありますが――私の本の方が彼のこの本の売上を追い越したので、余裕をもって褒めることができるわけですが――、彼の本ではアメリカと中国の間で第1次世界大戦規模の戦争が起こる可能性について述べています。そんなことになったら、死者は数百万人規模になるでしょう。ですから、私もやはり、象たちには戦うよりも、愛しあってほしいと願っています。

軍事・安全保障面の問題

R・グリフィス　さて、この討論会の軍事的な側面に移ることにしましょう。将軍に来ていただいているのですから、彼から始めなければなりませんね。質問させてください。中国はずっと、アメリカの侵略行為の犠牲者なんじゃないでしょうか？　だって、貿易交渉がヒートアップしていた今週に入ってからのことですが、アメリカ海軍は、許可を求めもせずに、完全武装した駆逐艦2隻を南シナ海に航行させる決定をしたではありませんか？　中国が南シナ海を所有しているかどうかについて、あなたがどう主張するにせよ、アメリカは許可を求めもしなかったですよ。私が最後にスタテン・アイランド〔ニューヨーク市内の島〕に行ったときには、中国海軍の姿は見ませんでしたがね。

M・ピルズベリー　今に来ると思いますよ。

（聴衆の笑い声）

R・グリフィス　私たちに説明していただきましょう。中国が自制しているのに、アメリカは攻撃の意思をあらわにしていることについて。

国際法違反（南シナ海）や買収・強制（エクアドル等）を中国はやめるべき（マクマスター）

H・R・マクマスター　南シナ海に島を作っている中国が自制しているって言うんですか？島を作るついでに、環境も破壊していますよ。中国はそれらの島々を軍事基地化しています。国際法で違法とされているのに、国際法廷も違法と判決を出しているのにです。中国のやっていることは、その海が自分たちのものだと主張することです。しかも、ただの海ではない、世界の貿易の流れの5分の1が通る海域です。ところで、さっきヘンリーも言ったように、中国はリベラルな国際秩序から恩恵を受けてきました。リベラルな国際秩序では国際法が順守され、大洋を所有する国はない、世界で商業を営むのにその国の許可を得る必要はない、と認められています。しかし、中国はまさに大洋を所有し、そこを通って商業を行う者は許可を求めるべきだと言わんばかりです。いったいなぜ、中国はこんなことをしているんでしょうか？

中国が本当にやろうとしていることはなにか、お話ししましょう。これは、「9号文件」

〔21ページ参照〕を見れば明らかなことです。しかし、ヘンリーは「9号文件」のことなど、口にできないでしょうね。そんなことをしたら、帰国するなり、拘束されてしまうでしょうから。とにかく、中国がやろうとしていることは、排他的な支配海域、優位な海域を作り出し、そこからアメリカを追い出すことです。なぜかって？　アメリカがいなければ、シンガポールのような国を脅すことができるからですよ。だから、ここでキショールにお聞きしたい。あなたがそうやって中国共産党の地域における政策を擁護しているのを、あなたの国の政府はどう思うでしょうね？　私はシンガポール政府の高官たちとも話しましたが、彼らはあなたとはまったく違う話をしていましたよ。

今、私たちがやらなければならないことは、中国と対話することです。そして、インド洋・太平洋に覇権を確立し、アメリカやカナダ、すべての自由でオープンな社会に挑戦し、私たちが守るものに挑戦する行為はやめなければならない、と中国に説明する必要があります。一方、中国が、そして習近平主席と中国共産党が理解しなければならないのは、さきほどキショールが述べたような、数億人の人々を貧困から救い出したことなど、これまでの素晴らしい成果の数々を、彼ら自身が危険にさらしているということです。そういう素晴らしい成果が危機に瀕《ひん》しているのです。ですから、これは軍事面だけの問題ではありません。すべての問題が結び付いているのです。

もう一つ、手短に言っておく必要があります。キショールとヘンリーは、さっき言いましたね。誰もが、「一帯一路」を愛していると。しかし、我々の側、西半球にある国、エクアドルの人々に、そこで何が起きているか、聞いてみましょう。活火山のふもとに、26億ドルを費やしてダムが建設されましたが、水力発電所のタービンはすぐに木切れや泥で詰まってしまいました。ダムが始動するやいなや、国じゅうの電力システムが麻痺しました。この取引に関わった役人たちはどうなったと思いますか？　全員、牢に入っていますよ。中国がこの協力プロジェクトでやったことは、買収と無理強いだからです。その見返りにエクアドルは何を得たでしょうか？　石油をすべて中国に輸出し、中国はその石油を世界市場でもっと高い値段で売却しているのです。

中国の「一帯一路」はそういうシステムなのです。南シナ海では島を強奪して、国際貿易を制限し、独裁的で腐敗した国々を中国に従属させ、依存させて、私たちの自由でオープンな社会と国際秩序に挑もうというわけです。

R・グリフィス　ここでキショールに話を聞きたいですね。キショール、あなたはまるで中国政府を擁護していると言われているようですよ。その件について、あなたの意見を聞きましょう。それから、もっと幅広く、今日の討論の軍事面、安全保障面の話題について話しましょう。ここまで、将軍はキショールに対していろいろ厳しい指摘をしましたから、その反論を聞きたいですね。

国際法順守、力の不行使を主張するならアメリカが手本を見せるべき（マブバニ）

K・マブバニ　まず、マクマスター将軍にお礼を言っておきましょう。私がシンガポール政府を代表する立場で話していないと指摘していただいて、ありがとうございます。だって、私は学者ですから、真実のみを話すのが仕事です。私の言ったことが、事実と照らし合わせて、正しいか、正しくないか、ゆっくり考えてから、判断していただければそれでいいのです。事実であるかどうか、それだけを基準にして、私が正しいかどうかを判断していただきたい。私の言ったことが、たまたまアメリカの立場と一致していることもあるかもしれないし、たまたま中国の立場と一致していることもあるかもしれない。しかし、肝心なのは、それが真実かどうかだけです。

ですから、軍事的な側面について、ただ二つの事実だけをここで述べさせて下さい。まず一つ目の事実です。地球という惑星上で、もう40年も戦争をしていないただ一つの大国、もう30年も国境で一発も発砲していない大国、それは中国です。それとは対照的に、平和志向のバラク・オバマ大統領の任期の最後の年に、アメリカ合衆国は7カ国で合計2万6000発の爆弾を落としています。これは、事実です。それでも、私が中国政府の擁護者だとおっしゃいますか？　どうぞ、事実をチェックして下さい。

第二の事実は、もっと面白いですよ。厳密にいえば、これは機密事項なのかもしれませんがね。私がかつてカナダ担当非常駐高等弁務官の職にあったころ、きわめて高い地位のカナダの外交官から、驚くべき話を聞きました。

その人の話によると、カナダの北部にある水域について、アメリカ合衆国とカナダの間で長年、それがカナダの内陸水路なのか、それとも、海洋法に関する国際連合条約にもとづく国際海峡なのかという論争が続いているというのです。カナダは、いや、これはカナダの内陸水路だといい、アメリカは、いやいや違う、国際水域だという。論争は続き、カナダ人は自国の主張が正しいと証明するためにせっせと書類を書き、一方、アメリカは駆逐艦を派遣して、海峡を通過させたそうです。

ところで、国際法の下では、国内の水域に駆逐艦を派遣することは許されていますが、カナダ人は賢明にもそうはしませんでした。実に賢明なことです。あなた方カナダ人はアメリカ合衆国を国際司法裁判所に訴えることもできたはずです。多くの国々がアメリカを国際司法裁判所に訴えていますが、アメリカは判決を無視しているのです。皆さんもご存じでしょう。

最近の判決の例は、アメリカとイギリスによって占拠されている、インド洋のある島についてのものでした。国際司法裁判所は、この島はモーリシャスの領土だという判決を下しました。しかし、アメリカとイギリスは今もなお、この島を占拠して、あきらめようとしません。ですから、私はこう思うんです。アメリカが国際法にちゃんと従うお手本を示せばいいんですよ。国際法に従えと中国を説得するのなら、それが最良の方法です。

H・R・マクマスター　ちょっとだけ、言わせてもらいますよ。まず、この討論をまったく別の話にしてしまおうというキショールの頑張りはたいしたものです。私も感心しましたよ。しかし、私がここで言っておきたいのは——。

K・マブバニ 事実です。事実を述べただけですよ。

H・R・マクマスター 私がここで言っておきたいのは、アメリカ合衆国が落とした爆弾のうちのかなりの割合が、私たちとともに、すべての文明の敵と戦っていた、カナダ軍など同盟軍の勇気ある兵士たちを支援するためだったということです。

人権問題

R・グリフィス 次の話題に移りましょう。今日の討論のこの段階で検討したい話題はいくつもありますから。次は、人権問題について話を聞きましょう。マイケル、あなたにお聞きします。さきほど、あなたはオープニング・スピーチで、個人の権利が尊重される世界、個人の自由が繁栄する世界のために馳《は》せ参じるべきだというような話をされていました。しかし、中国も人権に配慮している、たんに配慮しているだけでない、そのことは中国が達成した成果を見れば明らかだという主張に対しては、どう反論しますか？　さきほど、ヘンリーとキショールが話していたように、中国は約8億人を貧困から救い出しました。どんな国であれ、どんな文明であれ、なかなかできない素晴らしい成果です。このような基本的人権を大事にすることが、たとえば、あなたが重視するような、言論の自由とか、学問上の自由に比べて、重要度が低いとは言えないんじゃないでしょうか？　中国のような、貧困などの緊急の社会問題を抱える国にとっては、言論の自由とか、学問上の自由などは、最も重要なこととは言えないんじゃないでしょうか？

中国の監視技術輸出を防がなければ世界全体の人権が損なわれる（ピルズベリー）

M・ピルズベリー　ちょっと、この話を聞いて下さい。かつて、二人の中国共産党の指導者がいました。二人とも首になって、牢に入れられました。彼ら二人は、「基本的人権はいいものだ。できるだけ多くの人を貧困から救い出さなくては」と言い、そうすることに成功しました。しかし、彼らは、先ほど私が述べたような人権の問題だけでなく、法の支配と選挙の問題でつまずいてしまったのです。彼らは、中国の憲法の草案に、ジェームズ・マディソン〔第4代アメリカ合衆国大統領で、アメリカ合衆国憲法執筆者の一人〕の文章を翻訳して入れていたのです。その時点では、誰も知りませんでした。すべて1980年代に起きたことです。私たちが後になってそのことを知ったのは、この二人の指導者のうちの一人、終身刑になった人ですが、その人が回想録を書いたからです。それを読んで、80年代に中国が、法の統治や公開選挙、複数政党制にどれほど近づいていたかがわかりました。しかし繰り返しますが、この人のその後の人生はどうなったでしょうか？　獄中で、あるいは自宅軟禁状態で過ごしたのです。このような中国内部での論争があったことを私たちが知ったのは、ずいぶん後になってからでした。

確かに、中国は基本的人権というものを知ってはいますし、人々を貧困から救い出したという意味では大成功を収めています。それは中国の最大の功績だと思います。しかし、改革派の人たちに問うなら、彼らはあなたの質問の別の面を知っていますし、それはまったくの悲劇です。中国が間違った方向に進み始めたのは、あの2011年から12

年の権力闘争以後です。もう、望みはないのか？　それが問題です。中国は間違った道を進んでいるのでしょうか？　戦争になるのでしょうか？　それとも、私たちも、中国が全世界に輸出したがっている、監視技術システムの支配する世界に移行しつつあるのでしょうか？　そんな世界になったら、誰もが、どんな雑誌を予約購読しているか、どんな食べ物を買っているか、誰か他の人に——こっそりと——どんなことを言っているかなどによって、評価を決められるようになるんですよ。ラッドヤード、あなただって、そんな世界は嫌でしょう？　それにクレジットカードの利用金額によって評価されます。彼らはそれを社会信用制度と呼んでいるんですよ。その評価によって、あなたが用があってカナダ政府の庁舎に赴《おもむ》いたときに、どういう待遇を受けるかも変わってきます。皆さんも、そんなのは嫌でしょう？　中国は今や、そんな社会になっているんです。

しかし、10年前、20年前はこんなではありませんでした。今のような状況は新しい現象なのです。今、呼びかけてやめさせなければ、世界全体の人権が損なわれます。

R・グリフィス　この問題について、キショールとヘンリーの意見も聞きましょう。重要な問題ですからね。どうやら、聴衆の皆さんも、相手方の二人も、今日の討論を、種類の異なるリベラルな秩序の間の争いというよりは、自由と、そしておそらくもっと危険なもの、つまり専制政治との間の争いと位置づけたいようですよ。今日の討論の位置づけとして、それはフェアなことだと思いますか？

「自由と専制政治の争い」という問題設定はフェアではない（王）

王輝耀　いや、そんなふうに今日の議論を位置づけるのは、まったくフェアなやり方ではないと思います。なぜなら中国は他の国とはまったく異なる、独自の状況にあるからです。中国には5000年の歴史があり、14億人の人口があります。世界最大の人口です。これほどの人口があり、しかも、いろいろな地域にその人々が住んでいるのですから、この国を運営していくことは本当に大変な困難なことです。中国でも人権は守られなければならないと、もちろん私も思います。その一方で、中国にも発展する権利がありま す。中国は市場経済を受け入れました。市場経済というものは、いわば、民主的な経済です。人々は自分の財布からお金を出して物を買う行為によって、投票しているようなものです。いや、中国人は今では財布など使っていません。スマートフォンで買い物をしています。何を買うか、どこへ行くか、何をするか、そういうすべての行為によって、投票権を行使しているようなものです。

中国では10億人がスマートフォンを使っていて、すでにキャッシュレス社会になっています。ここまで来るのに、中国は本当に長い長い道のりを歩いてきたのです。中国はまだ、先進国の地位には達していないと思います。しかし、これは言っておかなければなりませんが、9年間の義務教育の制度があり、2億人が学んでいます。全国に基本的な医療制度があり、その点ではほとんどカナダに近い、いや、アメリカよりも進んでいると言えるでしょう。ですから、実に大きな成果をあげていると思います。

高速鉄道網も発達しつつあります。春節《しゅんせつ》（旧正月）には、杭州に近い農村から、私の親戚が訪ねてきましたが、北京までたった4時間です。実に便利になりました。列車に乗りさえすれば、すぐに来られるのです。非常に大規模な交通システムがあり、インフラがあるのがおわかりになると思います。

中国はアメリカ以上の資産をもっています。中国は今、平和を望んでいます。平和を守り、中国のためにも、アメリカのためにも、世界のためにも、リベラルな国際秩序を支持し、強化し、向上させることは、中国にとって絶対に重要なことなのです。

R・グリフィス　キショール、この点について、あなたの意見はどうですか？　相手チームが言うには、あなたはリベラルな国際秩序を、世界的な現象と国内政治との二つの側面に分けて議論しようとしているが、国内政治はその国の国際的な態度や行動に強い影響を与えるのだから、そんなふうに分離して考えるのは間違っているそうです。この指摘に対して、どう反論しますか？

米国の人権水準は高いが、格差拡大、拷問復活など、退化の兆しも（マブバニ）

K・マブバニ　このような論争の困ったところは、物事を黒と白に分けてしまいがちなので、ニュアンスが失われてしまうことです。確かに、アメリカの人権の水準は中国よりはるかに高いことは事実であり、私はこの点ではマクマスター将軍とマイケル・ピルズベリーに完全に同意するものであります。確かに、アメリカには言論の自由があり、暴動の自由があり、いろいろな自由がありますね。中国はその点、まだまだです。しかし、もう一つ、重要な疑問がありますね。それは、どちらの社会が進化しつつあり、どちらの社会が退化しつつあるかという疑問です。

退化について、3つの重要な事実をお話ししましょう。事実その1、下位50%の平均収入がこの30年間で減少した唯一の主要先進国はアメリカ合衆国です。

事実その2、私の著書『西洋は終わったのか?』(*Has the West Lost It?*)(未訳)でも言及しましたが、アメリカの世帯の3分の2は緊急の備えとしての現金500ドルすら所有していません。おそらく、中国の世帯の3分の2はすでにそのくらい持っているのではないでしょうか。

事実その3、これは3つのうちで最もダメージの大きい事実です。私は1974年から75年にダルハウジー大学で哲学を学んでいました。そのころ、もし誰かが、「キショール、将来、西側先進国で拷問を復活させる国があるとしたら、それはまず、アメリカ合衆国だろうね」と言ったとしたら、そんなことは自分の生きているうちには絶対に起こらない方に1000ドル賭けたことでしょう。ですから、グアンタナモで起きていることを知ったとき、私は本当にショックを受けました。どうして、世界最大の人権の擁護者である国が拷問を復活させるなんてことが起こりえたのでしょうか。驚いたことに、カナダ国民も一人、ニューヨークからシリアに連行されて拷問されたんですよ。

私は拷問など存在しない世界に生きていきたいのです。拷問など存在しない世界を実現させるために、いっしょに努力しようではありませんか。

西側も完璧ではないが、自国の欠点を自由に議論できる（マクマスター）

H・R・マクマスター　私たちの社会が欠点のない完璧な社会だなどと言う気はありませんよ。しかし、私たちが政府のやることに欠点を見つけた場合には、議論することができます。議論すれば、欠点が明らかになります。私たちは自分の国に対して批判的であり、だからこそ、向上できます。考えてみて下さい。北京でそんな議論をすることが可能でしょうか？
もう一つ、皆さんにお尋ねしたい。中国の国籍を取りたいと思っている人がいったい何人いるでしょうか？　いないのには、理由があるんです。中国人になりたい人の人数と比べると、独裁的な、閉じられた、警察監視国家に生きるのは嫌だから、私たちの自由でオープンな社会の一員になりたいという人の人数の方がはるかに多いですね。それには、ちゃんと理由があるんです。

王輝耀　最近、大きな変化がありましたよ。昨年、中国は準省庁レベルの機関である、国家移民局を設立しました。中国に来たがる外国人が増えているんです。中国は昨年、２０００件を超えるグリーンカードを発行しました。中国は今、アメリカから学んでいるんです。ＨＳＢＣは、自分の国を離れて外国で働く人たちについてのレポートを発表しました。それによると、中国は外国で働く人にとって魅力的な国の一つになっています。中国にはチャンスがあるからだと思います。

R・グリフィス　双方向の動きがあるということですね。

M・ピルズベリー　中国は「一人っ子」政策のせいで、若い労働者が必要なんでしょう。

テクノロジーの問題

R・グリフィス　さて、最終スピーチに移る前に、あと二つの点について話し合いたいと思います。一つ目は、テクノロジーの問題です。テクノロジーの問題は現在進行中の貿易交渉の大きなテーマであるばかりでなく、中国とアメリカ、あるいはその他の西側諸国との間で強まっている競争関係の大きなテーマでもあるからです。テクノロジーの面で、より強い競争力を持っているのはどこでしょう？

ハーバート、あなたはホワイトハウスにいましたね。国家安全保障担当補佐官でした。あなたに、こう質問したい人もいるのではないでしょうか。アメリカはなぜ、同盟国を脅して、ファーウェイの5Gテクノロジーを自国のネットワークで使わせないようにしているのでしょうか？　アメリカには、同盟国に売ることのできる5Gテクノロジーなどありもしないのに。それから、アメリカ国家安全保障局（NSA）は同盟国の私たちをスパイしているじゃありませんか。わかってるんですよ。アメリカは自分のことを棚に上げて、他人を批判しているんじゃありませんか？

自国通信システムに中国共産党のアクセスを許すのは無責任（マクマスター）

H・R・マクマスター　中国は、組織的な産業スパイ作戦によって、機密のテクノロジーや知的財産を盗み、それを新興世界経済の主要なセクターを支配するために利用するだけでなく、前例のない軍備拡張にも利用しているんです。２０１５年、習近平主席がオバマ大統領とともにホワイトハウスのローズガーデンで会見を行ったとき、習主席は「そういうことはもうやらないと約束します」と言いました。それなのに、それ以後、中国のやったことといえば、スパイ作戦の大部分を民間部門に移し、新しい法律を作って、中国の企業は必ず、国の情報収集活動に協力しなければならないと定めたのです〔２０１７年６月に施行された国家情報法のこと〕。正気な人間であれば誰だって、自分のところのコミュニケーション・インフラを中国に作らせようなんて考えられないはずですよ。中国という独裁的な警察国家はそのコミュニケーション・インフラによって、あなたの国のデータをすべて集め、分類し、後であなたの国に不利な用途で利用しようとしているんですから。

アメリカの連邦公務員の大量の記録データが、中国共産党に移されてしまったんですよ〔連邦公務員経験者および連邦公務員への採用等のために履歴チェックを受けた人、合わせて約2150万人分のデータが中国人ハッカーによって流出したとされる〕。中国電信（China Telecom）はすでに北米で10もの通信ハブを所有しているんです。中国共産党はこれらのハブを支配することによって、アメリカとカナダの間の通信にアクセスすることができるのです。自分の国の通信システムに中国共産党がアクセスすることを許しておくなんて、その国の政府が無責任なのだとしか言いようがありません。中国共産党が自分の国の人々をどう扱っているか、考えてもみて下さい。外国人の私たちをもっとやさしく扱ってくれるとでも思っているんですか？　私はそう思いませんね。

プライバシーを絶滅させること、それが中国がこの5Gというインフラの建設によって、やろうと企《たくら》んでいることです。

米企業・米国にも問題あり 必要なのは多国間ルールの作成（マブバニ）

K・マブバニ　ここで重要なのは監視とスパイ行為の問題だと思いますが、それはまったく間違った行為だという点で、私はマクマスター将軍に完全に賛成です。ここで一つ、お話ししたいことがあります。2、3週間前のことですが、私はバンクーバーにいました。不動産を買いに行ったわけではありません。TEDカンファレンスに参加するためです。そのときの最もパワフルな講演者は、イギリスのジャーナリストのキャロル・カッドワラダー氏でした。TEDカンファレンスの動画をご覧になるなら、彼女のスピーチをご覧になったら、いいですよ。彼女は、フェイスブックがどのように「イギリスの民主主義を破壊したか」について、実に生き生きと語りました。どのように破壊したかって？フェイスブックのアカウントに嘘を投入したのです。そして、それらはなんの痕跡もなく消去されていたのです。フェイスブックが入力していた嘘にイギリス議会が気づくまでには、何カ月もかかりました。こういう問題を解決するためには、どうしたらいいのでしょうか？

フェイスブックやファーウェイなどの企業によるこのような問題を解決するためには、すべての国々が合意する、オープンな多国間のルールを作ることが必要だと思います。それが、リベラルな国際秩序というものなのですから。そして、サイバー戦争においてやっていいこと、やって悪いことをはっきりさせることです。ところで、私は自信をもって言えますが、それに真っ先に反対する国はきっとアメリカでしょうね。だって、アメリカ合衆国は世界のどの国にもまして、最高の監視能力を持っている国なのですから。圧倒的にナンバー1なのがアメリカ、2番目がロシア、3、4がイスラエルにイギリス、そして、ナンバー5が中国です。だから、中国は見つかってしまったんですよ。あまり優秀ではないから。

超大国ではない「より小さな大国」はどうすべきか

小さな大国は、たとえば中国のミサイル削減交渉への参加を促すことができる（ピルズベリー）

R・グリフィス　さて、最終スピーチに移る前に、この「指名討論」のパートの最後のテーマにいきます。この討論会はカナダのトロント発祥ですから、素晴らしいディベーターの皆さんにカナダのような国のためにアドバイスをお願いしたいと思うのです。象がケンカしているとき、あるいは象が愛し合っているとき、カナダやシンガポールのような、もっと小さい大国はどうしたらいいのでしょう？　超大国が競争しているとき、私たちが繁栄するためには——いや、むしろ、生き延びていくには、と言った方がいいかもしれませんね——どんな戦略をとるべきなのでしょうか？　マイケル、あなたから、お願いします。

M・ピルズベリー　小さい大国——これはあなたの言い方ですが——小さい大国の場合、なんらかの同盟機関のかたちで他の国々と集まって連合すれば、大きな影響力を発揮することができます。最も重要なのは、国連総会です。これまで、アメリカが拷問や監視活動を行っていると宣言しようとする動きもありました。しかし、この件について、国連総会で採決を取るとしても、可決されはしませんよ。ところで、私はこう考えているからこそ、1945年の国連憲章の起草に尽力し、国連事務総長にと望まれたレスター・B・ピアソン〔95ページ参照〕を称《たた》えたいと思うわけです。

国連の構造そのものが、おそらく、グローバルな国際秩序の最も重要な部分でしょう。軍備管理関係の諸条約も含まれているのですから。ここでもカナダは、2大国、ソ連（ロシア）とアメリカに二国間の核兵器不拡散条約を結ばせるうえで大きな役割を果たしました。多くの成功があったわけです。中国は史上最も重要な軍備管理条約の一つをダメにしてしまいました。いわゆる中距離核戦力全廃条約です。我々とロシアはこれらのミサイルを完全に破棄する方向でした。米ソ両国は相手国の工場にチームを派遣し、このようなミサイルを製造していないことを確認していました。なにもかもうまくいっていたのに、中国がミサイルを配備し始めたのです。まさにこの条約の対象となっている飛距離のミサイルを何千発も配備し始めたのです。それで、中国の軍備を懸念し、恐れてさえいたロシアも、そして我々も、この条約から撤退することになってしまったのです。そのうえ、ロシアは中国の核ミサイルに反応して、こんなことまで言い出しました。「中国に対抗するために、これまで以上に核兵器を重視する」というのです。

最近、アメリカは中国にこう尋ねました。「ミサイルなどを減らすためのロシア、中国、アメリカの三国間交渉に加わってもらえませんか？　大陸間弾道ミサイル（ＩＣＢＭ）に関する兵器削減条約が期限切れになるからです。中国も、国防費を削減してもらえますか？　３カ国がどこも国防費を削減できるよう、力を貸して下さい」。中国からの返事が昨日来ました。「ノー」という答えでした。国際体制のぶち壊し屋がいるということですよ。これはまったく心配なことです。

R・グリフィス　それで、カナダの取るべき戦略は？

M・ピルズベリー　この点についても、カナダが助けてくれることが可能です。「３国間協議というのはいい考えですね、中国も参加したらいいじゃないですか」とカナダが言ってくれればいいんです。

現在、多国間で、中国共産党の略奪的政策の代替案を準備中（マクマスター）

H・R・マクマスター　キショールはさきほどまちがった議論を組み立てようとしていたと思います。「中国対アメリカ」という前提があり、それ以外の皆はその間で踏み潰《つぶ》されるという議論です。しかし、今日の議論は、自由でオープンな社会と閉じられた独裁的な制度の問題です。アメリカは単独主義だという言い方がされてはいますが、中国共産党の搾取《さくしゅ》的で危険な政策と立ち向かうために実に多くの多国間の努力が行われてきました。

ちょっと考えてみて下さい。たとえば、ベネズエラや、カンボジアや、ジンバブエのような国々に「一帯一路」イニシアティブがどんな悪影響を及ぼしているかを。債務への依存を強めさせ、プロジェクトは失敗し、腐敗した政権を支援しているんですよ。アメリカはこれまで、カナダや日本、オーストラリア、ニュージーランドのような国々とともに、なんらかの基準をもうけなくてはならないと発言してきました。キショールも先ほど、基準をもうけることが重要だと言いましたね。ですから、我々は今、「一帯一路」イニシアティブがこれらの国々にもたらす脅威を軽減するための基準を作成しているところです。また、資金を出しあって、中国共産党の略奪的な政策の代わりとなる金融政策を準備しているところです。

ヘンリーは先ほど、これらのプロジェクトに資金を提供するアジアインフラ投資銀行（ＡＩＩＢ）に言及しました。実際には、ＡＩＩＢが資金を提供したプロジェクトはほとんどありません。カナダなどの国々が理事国となっていて、腐敗した政権の支配する国での腐敗したプロジェクトへの資金提供を許可しないからです。

もう一つ、例を挙げましょう。２０１８年12月20日、カナダとその他16カ国が先駆けとなって、「ＡＰＴ10」と呼ばれるハッカーのグループの攻撃による組織的な産業スパイ活動を摘発しました。すべての国々が同時に、スパイ活動に関与していた人々に対する様々な制裁と告訴を発表しました。習主席が絶対に二度とやらないと約束したはずのスパイ活動です。

この点でも同様に、これがアメリカと中国の問題だということにしたがるキショール に騙されてはいけません。欧州委員会も先月、中国は（民主主義とは）異なる統治モデルを奨励している組織的なライバルであると公式に発言しています。

それから、最近ではメディアのこういう報道がありました。アメリカとカナダの調査ジャーナリストが協力して突き止めたことですが、中国共産党は、フェンタニルという、人を死に追いやることもある薬をなんのチェックもせずに、アメリカ、カナダの両国へ輸出することを許していたのです。アメリカではかなりの死亡率になっていますが、カナダにおける人口あたりの死亡率はさらに多いんですよ。ですから、政府だけでなく、調査ジャーナリストたちも、独裁的な統治モデルを輸出しようとする中国共産党の活動と努力を明らかにするうえで大きな役割を果たしています。

R・グリフィス　キショール、あなたはずいぶんいろいろ反論されていますよ。

超大国が多国間協定に背を向ける時代に小国を守るのはより強力な多国間秩序（マブバニ）

K・マブバニ　そうですね。しかし、私は哲学を学んだのでわかりますが、彼ら二人のうちのどちらも、あなたの質問にちゃんと答えていませんよ。あなたの質問は、「小さな国はどうすべきか？」というものでしたね。彼ら二人は全然この質問に答えていません。ただ、自分の言いたいことを言い続けただけです。

質問は、「小さな国はどうしたらいいのか？」です。その答えは、カナダやシンガポールのような国々自身に聞いてみればいいのです。ところで、国連には193の加盟国があります。アメリカと中国を除いても、まだ191カ国あります。これらの191カ国が何を望んでいるか、尋ねてみればいいのです。これらの国々は国連が強化されること、国際法が強化されることを望んでいます。物事が公平な機関によって決められることを望んでいるのであり、一つの超大国による他の諸国に対する単独の要求によって決められることは望んでいません。

私はアメリカの新聞を読んでいますから、よく知っているのですが、マクマスター将軍は国家安全保障問題担当大統領補佐官だったとき、実に高貴な戦いを戦っていました。トランプ大統領を説得するという戦いです。多国間合意に背を向けるな、気候変動に関するパリ協定から離脱するな、環太平洋パートナーシップ協定から離脱するな、と説得し続けたのです。どうなったか、ご存じですね。説得は失敗に終わりました。実に悲しい物語です。

彼のような立派な人が正しいことをしようとしてもうまくいかないとなれば、当然、こういう疑問が浮かんできます。超大国が多国間協定に背を向けるような時代に、どのように生きていったらいいのだろうか、という疑問です。その答えはこうです。

私は10年間にわたって国連大使を務めました。その10年の間に、アフリカ、ラテンアメリカなどの国々の大使たちとよく話しあいました。私たちが集まると、いつも意見が一致したのは、「国連をもっと強化しよう。公平に行動できる場所にしよう」ということでした。

カナダのような中くらいの大国や、シンガポールのような小さな国を守ってくれるのは、より強力な多国間秩序です。マクマスター将軍が再びアメリカ政府に戻るときには戦いに勝利することを願っています。

R・グリフィス　ヘンリーも、言いたいことがありますか？

王輝耀　ありがとうございます。私は今日のディベートは本当に有意義なものだと思っています。私たちは今、世界のリベラルな国際秩序の岐路に立っていると思います。これまでの75年間、つまり、第2次世界大戦が終わって以来、世界規模の戦争、第3次世界大戦は起きていません。新しいリベラルな国際秩序があるおかげです。ですから、このリベラルな国際秩序を守っていこうではありませんか。私はカナダは偉大な国だと思っています。わりと最近のことですが、WTOの会合がカナダで開催されました。中国とアメリカは参加しませんでした。カナダはG7のメンバーとして、実に大きな役割を果たせると私は思っています。このような場合、カナダにはニュートラルな立場での独自の役割があると思います。

ですから、カナダの人々が自分の考えをはっきり言うことは、とても重要だと思います。カナダはとても国際的です。そして、多文化の国です。英語を話す人たちとフランス語を話す人たちがいて、とてもなかよくやっています。

R・グリフィス　まあ、たいていの場合は、なかよくやっていますが……。

王輝耀　少なくとも、ケベックは今でもカナダですよね？

この70年ほどの間に、世界はすっかり変わったと思います。今の世界では、私たちはお互いに結び付いていています。お互いにつながりあっています。資本の移動、商品の移動、人材の移動、移民――実際にはほとんど一つの世界を生きているのです。一つの夢を生きているのです。お互いから離れることはできません。ですから、現実的になりましょう。現在の多国間の秩序を不安定にするのはやめましょう。「一帯一路」を含め、多国間で行うことを進めていきましょう。中国とアメリカが一丸となって、多国間の「一帯一路」イニシアティブを進めましょう。すべての国々のために、より信頼できる「一帯一路」イニシアティブにしていきましょう。世界は私たちを必要としているし、私たちは現在の多国間体制を捨て去ることはできないと思います。リベラルな国際秩序はさらに強化されるべきです。中国はそのために貢献できます。

R・グリフィス　はい、ありがとうございました。これで、指名討論の時間は終わりです。これから、最終スピーチに移ります。一人あたりの制限時間は3分、オープニング・スピーチとは反対の順番で話していただきます。ですから、最初はキショールにお願いします。どうぞ。

最終スピーチ

中国がまだNo.2のうちに、米国が手本を示し、多国間秩序を強化しておくべき（マブバニ）

K・マブバニ　皆さんもご覧のとおり、実に面白いディベートでした。しかし、ここで一つだけ、強調しておきたいと思います。これは気楽なお楽しみの話ではありません。私たちは今、歴史上の特別な瞬間にいます。これからの世界をよりよいものにするためのチャンスはかなり限られているという意味です。限られたチャンスとはなんでしょう？

こういうことです。中国は、今はまだナンバー1ではなくて、ナンバー2ですが、リベラルな国際秩序の制約を受け入れる用意があるということです。

中国は主要な協定を順守していますし、国連で中国と関わった国々の皆さんはおわかりのとおり、中国はいつも国連を支持しようとしています。そして、私は国連で10年間働いた経験から言えることですが、国連でのアメリカ代表団の目的はずっと、国連を弱体化させること、国連の予算を支配すること、国連が自由に成長するのを阻むことでした。私が国際原子力機関（ＩＡＥＡ）の理事だったとき、アメリカはＩＡＥＡをつぶそうとさえしましたよ。中国は、それとは対照的に、国連への貢献を増やそうとしていました。中国は今、国連の平和維持軍に最大の貢献をしています。

それでは、限られたチャンスとはなんでしょう？　今ならまだ、中国はナンバー2であり、ルールに従う気があるのですから、アメリカは今こそ、中国と協力して、多国による秩序を強化し、よいロールモデルの役割を果たすべきです。それなのに残念ながら、アメリカが今やっていることはその反対です。アメリカはパリ協定から離脱し、ユネスコを脱退し、環太平洋パートナーシップ協定から離脱し、国連人権委員会からも脱退しました。例を挙げればきりがありません。このような現状で最も憂慮すべきことは、今、アメリカがこのように国際法に多くの抜け穴を作ってしまえば、中国が将来ナンバー1になったら、その抜け穴を利用するだろうということです。ですから、もし、マクマスター将軍とマイケル・ピルズベリー教授が現在の秩序を維持することを望むのであれば、そのための最良の道は、中国にこう示すことです。あなた方がリベラルな国際秩序をさらに強化するつもりがあるなら、私たちもそれを支持するよ、と。ご清聴ありがとうございました。

R・グリフィス　ありがとう、キショール。見事な討論のパフォーマンスでした。さて、次はマイケルにお願いします。制限時間は3分です。

関税は米国を守るためではなく、中国を座につかせ回答させるためのもの（ピルズベリー）

M・ピルズベリー　ありがとう。私の見るところでは、グローバルな国際秩序を脅かす行為とは、つまり、不正をすることだと思います。あなたがもし、人間関係で、あるいは自分の所属する組織や雇用されている会社で、お金を着服したり、嘘をついたり、騙したりすれば、必ず罰を受けます。しかし、国際政治では、私が先ほどお話しした400年前の合意以来、悪いことをする国に対する罰は行われていません。不正を行った国に対しては、ただ、他の諸大国がその道徳的権威をもって、そういうやり方は変えるようにと説得するだけです。これまでお話ししませんでしたが、ここで不正に関する例をいくつか挙げたいと思います。今日、真夜中の1秒後の貿易に関する決定が、中国にとってなぜ重要なのかということです。

WTOで、中国はアメリカに告訴されています。他の国々もアメリカ側につきました。中国の市場は、外国のクレジットカードを締め出しています。特に、アメリカのカードは使えません。WTOの紛争処理機関が採決を行いました。中国は敗訴しました。中国はそれを認め、外国のクレジットカードに対して市場を開放すると言いました。2012年のことです。しかし、実際にはそうしませんでした。それからの時期に、中国は秘密の計画を進めていました。自国のクレジットカードを強化する計画で、今では、中国のクレジットカードは売上高で世界一になっています。他のすべての国々が自国での中国のクレジットカードの使用を許可したからです。こういうやり方はインチキです。貿易交渉の問題、テクノロジーの問題は、「アメリカ・ファースト」がどうとかいう問題ではない。アメリカが拷問にかけている人数は中国より多いかどうかという問題でもありません。そんなとんでもない競争のことを言われても、私はどうしたらいいかわかりません。問題は、騙すようなことをしてもいいのかということです。不正行為をしても許されるのかということです。そういう国が国連の諸機関に加入していいのでしょうか？　国際刑事警察機構（インターポール）がいい例です。中国人がインターポールの総裁に就任したことは、中国にとっては大変な名誉だったはずですが、その人物は突然、中国に召喚され、訴訟手続きもなしに牢に入れられました〔インターポール総裁（当時）の孟宏偉は2018年9月に中国に一時帰国した際に拘束され、その後逮捕された〕。国際機関のトップが、普通の犯罪者のように扱われたのです。容疑も明らかにされないままにです。この件は、彼の妻がメディアに話したので明らかになりました。

このように、リベラルな国際秩序に挑戦するような事件が起きているのですが、私たちはどうしたらいいのでしょうか。黙って、知らないふりをしていればいいのでしょうか。中国と愛しあうべきなのでしょうか。中国と戦争するべきなのでしょうか。いや、関税を課すことによって、このような問題を明らかにするという選択肢もあるのではないでしょうか。きっと効果があるからです。アメリカを守るための関税ではないのです。この関税は、ごまかしをしている中国を話しあいの座につかせて、回答させるためのものなのです。

R・グリフィス　ヘンリー、あなたの最終スピーチをお願いします。

中国にもう少し猶予をくれればもっとオープンで大きな市場になる（王）

王輝耀　ありがとう。今晩は忘れられない夜になりました。この有名なロイ・トムスン・ホールで、リベラルな国際秩序について、討論しました。リベラルな国際秩序については、中国はまだ学生ですが、多くを学んでいます。私は今日のディベートをずっと忘れないでしょう。実に多くを学んだからです。

私は、カナダという国と、カナダの人々をおおいに尊敬しています。私は高校生だったころ、中国のために命を捧げたカナダ人医師、ノーマン・ベチューン〔中国共産党を支援し、延安で医療活動中に死亡〕について、何度も学びました。大学時代には、カナダのトロントから来た教授から2年間教えを受けました。ですから、トロント大学で学ぶために初めてトロントに来た日から、カナダの精神は未来のために大きな役割を果たすと思っていました。

今の世界は本当に複雑です。今の世界は本当にカラフルです。さまざまなモデル、さまざまな慣習があり、健康的な競争が行われるべきです。戦略的な競争関係ではなく、企業としての競争関係です。中国は開かれたと私は思っています。私たちは鄧小平をおおいに尊敬していますが、彼の有名で肝心な言葉にこういうものがあります。「白猫でも、黒猫でもかまわない。ネズミを捕りさえすればいい」という言葉です。

今、中国は本当に発展していて、世界第2の経済大国となり、世界最大の市場になっています。ですから、中国にもう少し、猶予をください。もっとオープンになり、もっと改革を進ませてくれれば、中国は世界のための大きな市場になります。事実、カナダの企業ティム・ホートンズ〔ドーナツのチェーン〕は、中国に店をオープンしています。3年後には、全国の各都市に合計1000店をオープンする予定です。スターバックスは150都市に3600店を開店しています。マクドナルドは中国に3000店舗あります。『フラット化する世界――経済の大転換と人間の未来』（*The World Is Flat*）（日本経済新聞出版社）の著者トーマス・フリードマンは、こう言いました。「ある国で、ミドルクラスの人口が増え、彼らがマクドナルドに興味をもち、彼らの子どもたちがマクドナルドに行くようになれば、その国の人たちは戦争にあまり興味がなくなり、もっと平和に関心をもつようになるだろう、と。そんないい生活を、豊かな生活を犠牲にしたい人なんているわけがないでしょう。

ですから、私たちはよく考えなければなりません。私たちは皆、この惑星の上で生きています。私たちにはこの地球一つしか、ありません。ですから、お互いに話しかけましょう。よく話しあいましょう。ネガティブな話ばかりするのはやめましょう。中国についての神話がたくさんあるようです。中国を見て下さい。百聞は一見にしかず、です。私たちにはやらなければならないことがたくさんあります。今日の真夜中から、25％関税が始まります。関税は物事をよい方向には進めません。いっしょに努力しましょう。人類の平和と繁栄のために、問題を解決していきましょう。ご清聴ありがとうございました。

中国の脅威に対して、「無抵抗」でも「戦争」でもなく、「会話」を（マクマスター）

H・R・マクマスター　キショールは問題をトランプ大統領のせいにするために本当に全力を尽くしていましたね。皆さんもご存じのとおり、トランプ大統領は、どこでであっても自分のことが話題になっていれば大変喜びます。この討論会のテーマがそもそも彼についてではないことを知ったら、彼はがっかりすることでしょう。この討論会のテーマは、私たちの自由でオープンな社会が独裁的で閉じられた体制からどのように攻撃されているかについてでした。その体制は、中国の人々の言論の自由、プライバシーなどさまざまな権利を消滅させているだけでなく、私たちの国を含む、世界の他の国々にも悪い影響を与えています。

そのことは、現在、中国で人質に取られ、いまだに拘束されている二人のカナダ市民に聞いてみればよくわかるでしょう。そのうちの一人は元外交官で、数週間前に子供が生まれたばかりです。中国共産党はその支配体制の真の姿を日々あらわにしているのですから、私たちもそろそろ目を覚まさなければなりません。中国のやっていることは、自国の独裁的な支配体制を他の国々にも輸出し、他の国々を脅して属国とし、隷属的な関係にすることなのですが、キショールの言うことを聞いていると、私たちの自信は揺らぎ、中国のこのような行動に対して抵抗することができなくなってしまいそうになります。今晩、私たちは自尊心のために、自由で開かれた社会の市民としての自尊心のために、投票しなくてはなりません。私のパートナーのマイケルも先ほど言ったように、中国がこれ以上、不正行為をしたり、その独裁的な支配体制を他国にも輸出したりするのを許してはならないのです。

キショールが20代だったころ、毛沢東は5000万人の中国人を殺し、自分の権力の座を守るために、さらに数百万人を殺しました。その頃、毛沢東はその革命的な支配体制を他国にも輸出していこうと決めました。習近平は党による非常に厳しい支配を復活させています。現在の中国共産党の新しい前衛は、スーツを着て、現金を詰めたバッグを持った党の幹部たちです。彼らはその現金で、各国政府を買収し、中国の影響力を強め、排他的な支配圏を確立しようとしています。私たちや、他国の人たちを脅かしながら、このように行動することも、私たちの自由でオープンな社会に脅威を与えることも、ごく当たり前のビジネスのやり方だと考えているのです。

このような問題に対して無抵抗でいるか、それとも戦争か、という両極端の考え方はやめなければなりません。私は今夜、そういうメッセージを明確に皆さんに送りたいと思いました。今私たちがしなければならないことは、会話することです。

ご清聴ありがとうございました。


R・グリフィス　討論者の皆さんは今日、非常に難しい問題についても議論して下さいました。ご来場の皆さんを代表して、お礼を申し上げたいと思います。今日、討論者の皆さんが示してくださった見識は、今後何年にもわたって、カナダ国内で議論を進める場合にも、世界で対話を進める場合にも、役に立つ情報を提供して下さったと思います。ご来場の皆さん、討論者の皆さん、本当にどうもありがとうございました。

私たちが今夜ここに集まり、有意義な精神的対話を行うことができたのも、ピーター&メラニー・ムンク財団の暖かい支援のおかげです。もう一度、財団とムンク家の皆さんに感謝したいと思います。

さて、お待ちかねの最終投票の時間です。二つのチームのうち、どちらが今日この会場にお越しの皆さんの意見を自分たちの側に動かすことができたでしょうか。

まず、事前投票の結果を振り返ってみましょう。事前投票では、「中国はリベラルな国際秩序に対する脅威か?」という議題について、「イエス」と答えた人が76%、「ノー」と答えた人が24%でした。事前投票の際には、討論を聞いて、「自分の意見を変えてもいいと思っているか」という質問にも答えていただきました。皆さんのうちのかなり多くの方、83%が「変えることもありうる」と答えました。「変える気はない」と答えた人は17%でした。さあ、最終投票の結果を見てみましょう!

投票結果

事前投票では、「中国はリベラルな国際秩序に対する脅威か?」という議題に対して、「イエス」が76%、「ノー」が24%だった。

最終投票の結果は、「イエス」が74%、「ノー」が26%となった。討論を聞いた後、「ノー」と答えた人が増えたので、「ノー」のキショール・マブバニと王輝耀のチームの勝利である。

謝辞

ムンク・ディベートは、市民意識の高い組織や個人による素晴らしいグループの公共精神の賜物《たまもの》である。この討論会のシリーズは、オーリア財団の先見の明とリーダーシップなしには不可能だっただろう。２００６年にピーターとメラニーのムンク夫妻が設立したオーリア財団は、公共政策の研究と発展を進めるカナダ人とカナダの機関を支援してきた。この討論会のシリーズは財団の代表的な活動であり、カナダ人が世界に向けて発信する、公共政策についての実体のある対話のモデルである。２００８年に始まって以来、財団は半年に一度の討論会の費用を全額負担している。財団の理事会からの情報と助言も、討論会の運営を助けてきた。理事会のメンバーは、マーク・キャメロン、アンドリュー・コイン、デボン・クロス、アラン・ゴットリーブ、マーガレット・マクミラン、アンソニー・

ムンク、ロバート・プリチャード、ジャニス・スタインの各氏である。討論会主催者は、本書の導入部の編集に貢献したジェイン・マックウィニーにも感謝する。

ムンク・ディベートはその発足以来、各回の討論会の模様をカナダの国中に、そして世界に届けるべく努力してきた。この点、カナダの全国紙「ザ・グローブ・アンド・メール」紙との提携と、その編集長デービッド・ウォルムズリーからの助言にはおおいに助けられてきた。

素晴らしい本書の刊行によって、ハウス・オブ・アナンシ・プレスはこのディベートをカナダの、そして世界の新しい聴衆に届けてくれた。アナンシの会長スコット・グリフィンと社長兼発行人セアラ・マックラクランが、本書のプロジェクトに情熱をそそぎ、話し言葉による討論を力強い知的論争の記録にまとめる知恵を授けてくれたことにも感謝する。

ムンク・ディベートについて

ムンク・ディベートのシリーズは、カナダを代表する公共政策のイベントである。半年に一度開催され、一流の思想家たちが、世界とカナダが直面する重要な公共政策問題をめぐって議論する世界的なフォーラムとなっている。各回の討論会はトロントで観客を前にして開催され、カナダ国内のメディア、国際メディアによって報道されている。

最近のムンク・ディベートには、以下の登壇者がいる。アン・アップルバウム、ルイーズ・アーバー、スティーブン・K・バノン、ロバート・ベル、トニー・ブレア、ジョン・ボルトン、イアン・ブレマー、スティーブン・F・コーエン、ダニエル・コーンベンディット、ポール・コリアー、ハワード・ディーン、アラン・ドゥ・ボトン、アラン・ダーシヨウィッツ、エルナンド・デ・ソト、E・J・ディオンヌ、モーリーン・ダウド、マイケル・エリック・ダイソン、ギャレス・エバンス、ナイジェル・ファラージュ、ミア・ファーロウ、ニーアル・ファーガソン、ウィリアム・フリスト、デービッド・フラム、スティーブン・フライ、ニュート・ギングリッジ、マルコム・グラッドウェル、ミッシェル・ゴールドバーグ、ジェニファー・グランホルム、デービッド・グラッツァー、グレン・グリーンウォルド、スティーブン・ハーパー、マイケル・ヘイデン、リック・ヒリアー、クリストファー・ヒッチェンズ、リチャード・ホルブルック、ローラ・イングラム、ジョセフ・ジョフィ、ロバート・ケーガン、ガルリ・カスパロフ、ヘンリー・キッシンジャー、チャールズ・クラウトハマー、ポール・クルーグマン、アーサー・B・ラファー、ナイジェル・ローソン卿、スティーブン・ルイス、デービッド・リー（李稲葵）、ビョルン・ロンボルグ、ピーター・マンデルソン男爵、エリザベス・メイ、ジョージ・モンビオ、キャトリン・モラン、ダンビサ・モヨ、トマス・マルケア、バリ・ナスル、アレクシス・オハニアン、カミール・パーリア、ゲオルギオス・パパンドレウ、ジョーダン・ピーターソン、スティーブ・ピンカー、サマンサ・パワー、ウラジミル・ポズナー、ロバート・ライシュ、マット・リドレー、デービッド・ローゼンバーグ、ハンナ・ロージン、サイモン・シャーマ、アンマリー・スローター、ブレット・スティーブンス、マーク・スタイン、キンバリー・ストラッセル、アンドリュー・サリバン、ローレンス・サマーズ、ジャスティン・トルドー、エイモス・ヤドリン、ファリード・ザカリアの各位である。

ムンク・ディベートは、２００６年に篤志家であるピーターとメラニーのムンク夫妻が公共政策の研究と議論の振興のために設立した慈善団体のオーリア財団のプロジェクトである。ムンク・ディベートについての詳細は、こちらのサイトを参照。www.munkdebates.com

＊＊＊

なお、本書に収録されているH・R・マクマスター、マイケル・ピルズベリー、キショール・マブバニ、王輝耀へのラッドヤード・グリフィスによるインタビューは、２０１９年５月９日に記録されたものである。

以下のインタビューの抜粋は、オーリア財団の許可により採録した。

（14ページ）ラッドヤード・グリフィスによる「H・R・マクマスターとの対話」

（28ページ）ラッドヤード・グリフィスによる「マイケル・ピルズベリーとの対話」

解説

本書を的確に読み解くために

佐橋 亮（東京大学東洋文化研究所 准教授）

さはし・りょう
国際政治学者。専門は米中関係、アメリカと東アジア、アジア太平洋の安全保障秩序と制度。著書に『共存の模索：アメリカと「2つの中国」の冷戦史』（勁草書房）、編著に『冷戦後の東アジア秩序：秩序形成をめぐる各国の構想』（勁草書房）。訳書にアーロン・フリードバーグ『支配への競争：米中対立の構図とアジアの将来』（日本評論社）。論文は日本語、英語、中国語にて多数。日本台湾学会賞などを受賞。1978年、東京生まれ。

本書は、『*China and the West*』(House of Anansi Press, 2019)の全訳です。全体は2章からなっています。第1章には、ディベートに入る前に4人の論者に個別に行われたインタビューが収録されており、第2章には、4人の論者が登壇して行われた「ムンク・ディベート」そのものの模様が収録されています。

「ムンク・ディベート」は、著名な論客を招いて定期的に行われる公共政策に関する討議の場として、世界的にその名を知られている有名なディベートです。より詳しくは、本書巻頭の「ピーター・ムンクからの手紙」、および「謝辞」(170ページ)、「ムンク・ディベートについて」(172ページ)を参照して下さい。ムンク・ディベートの模様を収録した書籍は何冊か刊行されており、これまでにも、『中国は21世紀の覇者となるか?』(早川書房)、『人類は絶滅を逃がれられるのか』(ダイヤモンド社)、『リベラルvs.力の政治』(東洋経済新報社)等が邦訳出版されています。

本書に収録されているディベートが行われた2019年5月9日は、アメリカが対中関税引き上げの第3弾を発動した5月10日の前日でした。議論を戦わせたその日の深夜に、アメリカが中国からの輸入品2000億ドル分の関税を、10%から25%に引き上げることが予定されていました(そして実際に引き上げられました)。

このディベートの議題は「中国はリベラルな国際秩序に対する脅威か?」というものですが、隠されている主題は、なぜアメリカと中国が深刻な対立をするようになったのか、とりわけアメリカが中国政策を変えたのはなぜか、それは正しい認識とアプローチに基づくものなのか、習近平体制下の中国をどう見るべきなのか、それを国際秩序のなかにどう位置づけるべきなのか、ということです。この原稿を書いているのが２０２０年3月ですのでディベートが行われてから10か月以上が過ぎたことになりますが、テーマとしている問題の構造自体は大きく変わっていません。貿易戦争を超えた米中対立の背景にあるアメリカ人の問題意識について、それに対する中国と世界の懸念について、本書は、今読んでもまったく古さを感じさせない、示唆に富む内容になっています。

ここでは、専門家ではない一般読者に向けて、本書を読む際に知っていれば内容をより的確に読み解けるであろう背景知識や視点、今後、米中関係を見ていく上でヒントとなる事柄を、いくつか解説しておきたく思います。解説の最初の部分を、少し長くなりますが、これまでの米中関係の解説に充《あ》てたいと思います。今の米中対立の前には40年にわたる米中の良好な関係があり、中国との関係に前向きなアメリカの姿勢のもとで中国は成長しました。何が変わったのか、それを理解するためにお付き合いください。そのあとに、このディベートの読み方、討論者４名について、といった順序で解説を加えていきます。

米中関係の現状を「経済」「安全保障」「イデオロギー」の3層で考える

まず、ひと口に米中関係といっても漠然としすぎているので、問題を理解しやすくするために米中関係を「経済」「安全保障」「イデオロギー」の3層に分けて考えるとより把握しやすくなります。3層のうち一番上の、最も表立って報道され話題になるのが「経済」の層。トランプ大統領が主張する巨額の貿易赤字や両国が応酬する関税などの話がこれにあたります。１９７９年に国交正常化を達成した後、アメリカの産業界は中国経済に大きく期待を寄せ、投資を行ってきました。

アメリカは中国経済に生産、消費の両面で依存するようになってきました。しかし膨れ上がった貿易赤字、また中国経済の抱える問題にトランプ政権が強い関心を示し、いわゆる「貿易戦争」を始めました。

次の2番目の層が「安全保障」関連。東シナ海、南シナ海へと拡大する海洋進出や、核・ミサイル開発に加えサイバー空間、宇宙領域へと広がる人民解放軍の能力が、世界における米軍の活動を制約するのではないか、そういった懸念は過去10年ほど高まってきました。２０００年代は中国の国防予算の急速な伸びや不透明さ、また台湾問題への関心が強く、またテロとの戦いでの米中協力もありましたが、この10年で中国はかなり具体的に世界戦略の課題として議論されるようになりました。

現在の議論の特徴として、技術への注目があります。「5G通信網でファーウェイを使えば情報が漏れてしまう」、「先端技術で中国が先を行ってしまえば軍事的優位が損なわれる」といったことがよく言われるようになりました。これに関係する技術流出や知的財産権の侵害は、もちろん経済活動ですので米中貿易協議でも議論されてきましたが、背景にある問題意識は純粋な経済問題というよりは安全保障であり、アメリカという国家のパワーの卓越性を維持しなければならない、という視点です。

そして一番下の3層目に、最も根深い、イデオロギーの問題があります。この問題の典型的な例が、共産党一党独裁体制の下、「権威主義のまま経済成長し、さらに世界において政治的影響力を増大させる中国」に対するアメリカの警戒です。

従来、戦後世界においては、経済発展と民主主義、または資本主義と自由化というのは並行して起こる、という強い前提が共有されていました。経済成長が民主化と自由化を引き起こすと考えられていて、一人当たりGDPが何千ドルを超えたら民主化が起こる、というような議論を皆がしてきた。ところが、その大前提をくつがえす「権威主義のまま経済成長する中国モデル」が出てきた。さらに中国は国内のみならず、市民生活を監視と管理の下で運用していく技術を外国にも提供し始めた。となると、中国だけでなく他の国にも、こうした「権威主義のまま経済成長する」体制が今後出来てくるのではないか。さらに経済力を背景に、米欧はじめ民主主義社会の内部にも入り込んで、影響力を振るってくるのではないか。こういった点に関する警戒感、感情的に許せないという気持ちがあり、これが中国に対する漠とした不安の、根深い部分を構成しています。

これら3層について、たとえば米国第一を掲げるトランプ大統領とその周辺は一番上の経済の層、とりわけ貿易赤字の解消ばかりを気にかけます。軍や専門家は2つめの安全保障の層を一番気にしています。議会やメディアは、3層目に属する、中国における人権問題や少数民族問題に関心を寄せてきました。またこれも3層目に属するものですが、習近平政権の強権化や国家主席の任期撤廃を受けて、最近は専門家も含め、中国の政治体制そのものに対する問題意識が強まっています。国交正常化後40年の米中関係において、これら3層すべてに懸念が同時に出ていることは珍しく、それが現在の厳しい対中姿勢を作り出しているともいえます。このディベートでも、マクマスターの発言には、それぞれの層にある問題意識が上手く表現されています。

現状に至るまでの経緯

では現状に至るにあたっての、ターニング・ポイントはいつだったか？

大きなターニング・ポイントは、２０１７年12月から始まります。

ドナルド・トランプがアメリカ大統領に就任したのが２０１７年１月。同年12月、トランプ政権は国家安全保障戦略（ＮＳＳ）を公表し、翌月には国家防衛戦略（ＮＤＳ）も一部を公開します。これらの中で、政権として初めて公式に中国との「競争（competition）」を、または中国はロシアと並ぶ「競争相手（competitor）」であるという考えを、明らかにしました。そしてこの２０１７年末から翌18年にかけて、ものすごい勢いでアメリカの対中国強硬論が登場し、ありとあらゆる政策を見直して、１９７０年代以来の非常に強固な対中政策基本方針であった「関与（engagement）」をくつがえそうとしてきた、というのがこの間の流れです（「関与」政策についてより詳しくは後述します）。

ここで２０１７年以降の主な出来事を、アメリカ側の動きを中心に、年表形式で示しておきます。

２０１７年１月　ドナルド・トランプ、米国大統領に就任
　12月　トランプ政権、国家安全保障戦略（ＮＳＳ）を公表。対中政策に関して、政権として初めて公式に「競争」という言葉を使用
２０１８年１月　トランプ政権、国家防衛戦略（ＮＤＳ）の一部を公開。対中政策に関して「競争」という言葉を使用
　３月　トランプ政権、通商法３０１条による調査を終え、関税賦課による対中制裁措置の発動を決定
　６月　マティス国防長官（当時）、中国による南シナ海での人工島建設とその軍事拠

点化を非難

7月　対中関税引き上げ第1弾（8月に第2弾、9月と翌19年5月の2回に分けて第3弾。中国もその都度報復）

9月　アメリカで国防授権法（マケイン法）が成立。中国に対する輸出管理や投資制限などの枠組みができあがる

10月　ペンス副大統領が演説。「アメリカは（中国のWTO加盟によって）経済、政治面で中国が自由になり（中略）人権の擁護につながることを望んでいた。しかし希望がかなうことはなかった。鄧小平の『改革・開放』は口先の約束にすぎなかった」という一節に示されるような、アメリカの対中強硬論の典型的なものと同趣旨の演説

11月　大手ホテルチェーン「マリオット」が、ハッカー攻撃により最大5億人の個人情報が流出した可能性があると公表

12月　ファーウェイ社の最高幹部がイラン制裁違反を理由にカナダで拘束される

2019年5月　この月以降、ファーウェイ社とその関連企業がエンティティーリスト（安保上の懸念企業リスト）に掲載される。同年8月にはファーウェイ、ZTEなど中国企業5社の機器を利用している製品などの政府機関の取引禁止が施行される

6月　対中関税引き上げ第4弾（同年9月と12月の、計3回に分けて。中国もその都度報復）

8月　米国国防総省、インド太平洋戦略を公表
11月　米国、中国を為替操作国に認定
12月　米国国務省、インド太平洋ビジョンを公表
香港人権・民主主義法成立
米中貿易協議は第一段階で合意、中国の為替操作国認定は解除へ

なぜ2017年から急に強硬になったのか？——中国が下地を作り、トランプが水門を開いた

ではなぜ、2017年末から18年という時期に、アメリカの対中政策が大きく変わったのか？その原因となった主要な要素として、2つのことを挙げられるでしょう。

一つは、中国側が作った下地です。2008年前後から南シナ海では領有権問題を抱える相手国への高圧的な姿勢が目立つようになり、2010年以降は尖閣諸島に関連して日本にも強引な外交姿勢をとります。周辺国の警戒心はアメリカにも共有され、オバマ政権はアジアへのリバランスを唱えるようになります。そして2012年に習近平が中国共産党大会で党を指導する総書記になり、翌2013年の全国人民代表大会で中国の元首である国家主席に就任すると、上海で行われた第4回アジア相互協力信頼醸成措置会議での習近平発言や一帯一路構想によって、中国が国際秩序を自ら作り直そうとしていることにも懸念がもたれるようになります。2014年以降は南シナ海での人工島建設、そしてその軍事拠点化、大規模なサイバー攻撃（ディベートにもあるように（144ページ）連邦政府人事局からは2000万人分以上のデータが窃取《せっしゅ》されています）によって、アメリカでの警

戒は高まりました。またこれは若干細かいことですが、ロシアにならって海外の非政府団体が入ってくるのを取り締まる海外NGO管理法も作りました。アメリカやヨーロッパのさまざまなNGOの活動を全部制限するわけですが、これはアメリカの専門家には大きな制約になり、強い批判を招きます。

習近平体制のもと、中国国内の政治体制も強権化していることは明らかでした。2015年に成立した国家安全法は社会統制の強化を印象付けます。アメリカ側からすると、中国に対するイデオロギー的な警戒心、安全保障上の具体的な懸念、国際秩序の脅威となるという懸念、こうしたものがどんどん高まっていく。これが、トランプが大統領に就任する（2017年1月）前の段階です。

またこれはトランプ政権になってからのことですが、2018年に中国の国会に相当する全国人民代表大会が、従来「2期10年まで」とされてきた国家主席の任期を撤廃する憲法改正案を採択します。実質的には習近平が自分自身の国家主席の任期を撤廃したということで、これも中国共産党体制に対する違和感を強めることになります。

トランプ大統領のキャラクターがあまりに衝撃的なので、オバマ政権（2009年1月〜2017年1月）の時期の中国政治外交の変化を見逃してしまいがちですが、成長した中国が国内外において強い対応をするようになったことが、アメリカや周辺国の対応を作っているところがあるわけです。中国はリーマンショック後のアメリカを見て、過剰な自信を持つようになり、そのことも背景にありました。ただし、こうした中国の動きに対するオバマ政権の対応は、後に述べる関与政策の範疇《はんちゅう》を超えるものではありませんでした。

そこで、もうひとつの主要な要素が登場します。私がよく使っている表現ですが、「トランプが水門を開いた」ということです。

　中国の内外における強権化によって、アメリカ側の中国観は徐々に変わっていました。中国は経済成長したにもかかわらず、米欧と手を携えた国際協力にあまり貢献していないのではないか。民主化することも当面ないのではないか。中国政府の強権化する行動を説得して変えていくことにも期待はもてないのではないか。さらに、「中国製造2025」にみられるように技術立国を目指す中国はアメリカを経済、軍事の両面で追い越してしまうのではないか。アジアや世界の多くの国は徐々に中国にすり寄っているのではないか。アメリカの議論には焦燥感が生じていました。しかし一方で、米中関係を管理しておこう、安定させておこうという外交方針はなかなか強固で、この方針に反することは容易には実現しませんでした。

　ところがそこにトランプが登場して、「アメリカ・ファースト（米国第一）」「貿易戦争」という看板を掲げ、「中国をたたいていい」という雰囲気を作るわけです。トランプが率いるホワイトハウスが動く。それは貿易赤字はじめ米中経済問題を念頭にしたものでしたが、それがきっかけで皆が中国をたたいていいのだという雰囲気が強く出てきた。中国の政治体制、技術覇権を目指した政策、戦後秩序に反するような外交方針への不満の渦は貯《た》まっていた。そうした状況でトランプが水門を開き、それまでに貯まっていた水を一挙に開放し、その流れの中で、アメリカ側の漠とした不安が形をなしたような政策が打ち出されてきた、ということです。議員や官僚のなかにいた対中強硬論者は、今、まさに水を得た魚のように振る舞っています。

　このように、中国側が下地を作ったことと、トランプが水門を開いたこと、この2つが、

2017年末から18年にかけてのアメリカの対中政策の大変な変化をもたらした主要因だと言えるでしょう。19年にかけても、その勢いが維持されました。

さらにこれら2つの主要因には及ばないものの、新疆《しんきょう》ウイグル自治区などにおける人権侵害も対中強硬論を支えてきました。従来、アメリカでは人権問題は強い影響を及ぼしそうに見えて、実はポリティカル・モメンタム（政治的な勢い）を作る要素としてはいまひとつ弱いものでした。しかし、中国の政治外交への違和感が高まっていたこの時期に重なることで、人権問題は注目されることになります。

トランプ以前の対中「関与」政策

トランプ政権が打ち出した対中「競争」政策によって、従来の「関与」政策がくつがえされました。では対中関与政策とは何か？　少し時代をさかのぼって解説します。

第二次大戦が終わった4年後の1949年に、中国共産党率いる中華人民共和国が建国されます。翌1950年に始まった朝鮮戦争で米中は戦火を交え、その後も両国は対立を続けます。アメリカは対中禁輪を維持し、両国の外交官は相手国を罵倒《ばとう》し合う、そのような関係です。

その状況に変化が生じるのが1970年代です。1971年に、ニクソン政権で大統領補佐官だったヘンリー・キッシンジャーが秘密訪中して米中接近が始まり、翌72年にニクソン大統領の訪中によって外交関係が樹立される。そして79年に国交が正常化される、という流れです。その背景には中ソ国境紛争の発生、ソ連への牽制《けんせい》、ベトナム戦争といった国際的な背景がありますが、詳細はここでは省きます。

この1970年代から、40年もの間、アメリカが続けてきた対中政策が、関与政策です。

関与政策における「関与」とは、「2国間関係を管理する」ということです。2国間関係を管理して、中国とのパートナーシップを保持した上で世界のさまざまな課題を解決していく。相手は政治体制が違うけれども、関係なく管理しようと、そういう方針が関与政策です。

世間で時に言われる関与政策批判に「中国は民主化しなかった、リベラル化しなかった、だから関与政策は間違いだった」というものがありますが、こうした批判自体、関与政策についての誤解に基づくものです。「関与」とは、「2国間関係を管理する」こと。中国政治が長期的に民主化することへの期待を込めていた人はいましたが、それ以上に安定した関係を保った上で具体的な協力を世界で進めることが目的として重要視されていたのです。

この関与政策ですが、1970年代の米中関係の変化以来、アメリカ側において非常に強固に築きあげられてきました。たとえば1989年に天安門事件が起きました。大量の市民が殺されるという、あからさまな人権侵害を、アメリカはじめ世界は目撃しました。この事件以降、アメリカ議会が自国政府の中国政策に対して注文をつけるようになってきます。ちなみにその時の中心人物がナンシー・ペロシ、今の下院議長ですが、当時彼女と、天安門事件後に中国への帰国を望まなかったハーバード大学等の中国人留学生たちが結びついて大きな政治運動を起こします。こうした人権問題は確かに騒ぎにはなりました。しかし、中国の人権問題を批判して登場したクリントン大統領があっさりと人権問題と貿易（最恵国待遇付与）を切り離したように、関与政策の基盤は根強いものでした。むしろ、天安門事件後に、中国に「関与」するという言葉が、共和党のブッシュ父政権、民主党のクリントン政権から繰り返し使われるようになったのです。

関与政策はなぜ強固だったのか

関与政策が強固であり続けた大きな理由は、アメリカの対中政策が長らく、一定のサークル内の限られた人たちによって牛耳られてきたからです。

一部の人たちがある特定分野の政策を牛耳る構造は日本にもありますが、アメリカでは日本以上により激しく、はっきりとあります。ワシントンで中国に関する政策を牛耳り、強い影響力を行使し続けたのが、ニクソンであり、キッシンジャーであり、ブレジンスキー（カーター政権の国家安全保障問題担当大統領補佐官）でした。彼らとそのブレーンを含む一定のサークル内の人々が、関与政策を強固に維持してきたのです。中国ビジネスに期待を寄せる産業界がそれを強くバックアップします。

強固な関与政策のまさに結実といえるのが、２００１年の中国のＷＴＯ加盟でした。２００１年といえば天安門事件が起きた１９８９年の12年後です。天安門事件後のこの期間、アメリカ側には中国に対する違和感がずっと残っています。その違和感にもかかわらず、中国に対する期待が高まってゆく。一番大きいのは経済ファクターですが、同時に、中国と協力しないとアジア、ユーラシア大陸における諸問題がうまくいかない。それまではソ連に抵抗するためにチャイナカードを使っていたが、今やソ連との冷戦は終わり、そういう状況ではない。そこで「中国は経済的に期待できる。中国とパートナーシップを結べばいろいろなことがうまくいくだろう」と、そういうストーリーを作って、違和感があるにも関わらず中国との関係を進めていく。こうした動きを背後から推進していたのが関与派です。

そもそも、80〜90年代にかけては、中国の国力はまだ低かったわけです。中国を恐れる要素はなく、アメリカ側が中国を活用すればよいという考えだった。そのような考えに沿って、２００１年の中国ＷＴＯ加盟まで、一気に進んでいったのです。そしてディベートでも王、マブバニが言っているように、経済成長の下、中国大陸での生活は一気に変わるようになります。

強固な関与政策がなぜ崩れたのか

関与政策は中国のＷＴＯ加盟に結実します。ところが、中国の存在感・影響力が増すにつれて、中国問題を牛耳るサークルの外にいる人たちが、もう中国を放ってはおけないということで、新規参入してくる。

たとえば国防総省です。20年ほど前から一部の戦略家がものすごい勢いで中国のことを勉強しはじめていました。しかし、米軍や軍事政策に関係する専門家たちが米軍を脅《おびや》かす存在だと中国をとらえ、真正面から問題にしはじめたのは、基本的にはこの10年ほどのことです。一気に参入し、自分たち独自の中国戦略、さらにアジア政策を主張し始めた。

これまでヨーロッパしか扱っていなかった人も、中国は国際秩序に対する大問題だと言って参入してきた。今のアメリカの中国政策分野には、新規参入組が山のようにいるのです。米中が普通の2か国間関係ではなくなってしまった、世界の超大国同士の関係になってしまったので、従来の、ほとんどの人が中国語を話せる中国問題サークルという境界を踏み越えて、軍事専門家、他の地域をやっていた人、世界全体を見回して物事を考えていた人など、とにかく全部が参入してきた。従来のように中国をやったら儲かるという人だけでなく、中国が世界戦略の最重要課題になりつつある、中国をやらないと政治・政策の世界で出世できないと考える人が増えた。

そうなると、「関与って何だ?」という話になってくるわけです。何があっても対中関係を管理しないといけないというが、その前提は正しいのか、関与が自己目的化しているのではないか、アメリカの政策の目的は別のところにある、と新規参入組がすごい勢いで攻撃をし始めて、従来の中国問題サークル内の限られた人によって牛耳られてきた関与政策がついに崩壊したと、そういうことになります。

そして今、関与政策に対する否定的な発言をする専門家が主流になりました。中国のWTO加盟自体が間違っていたと否定する人も結構いて、特に経済分野の関係者に多いです。本書の中でも、マクマスターやピルズベリーの発言には、関与政策が強い中国を作り上げてしまったことに対する反省を含むものが多々あります。かつては中国の政治体制には違和感を感じながらも、政策としては関与を軸に将来に期待する、必要な備えはしておくという発想が主流でしたが、今は中国の政治体制のあり方も関与政策も否定し、競争と圧力を重視する方が多くなりました。

「関与と支援」から「競争と分離」へ

さて、「関与」がアメリカの〝論調〟だった時、それは「支援」という〝政策〟とセットになっていました。アメリカは、中国の近代化のために、多額の金銭的な支援を行い、また大量の科学者や留学生を中国から受け入れて支援してきました。なおかつ冷戦の文脈で軍事、情報に関する協力もしていました。「暗黙の同盟国」という表現が使われていた時期もあったほどです。ただ冷戦が終わる頃になると、ソ連という主要敵、想定されていたものがなくなってしまいます。

それでも「関与と支援」という枠組みのなかで、たとえば1995〜96年の第3次台湾海峡危機、99年のベオグラードの中国大使館爆撃も乗り越えられましたし、そして何より2001年に中国のWTO加盟を実現させました。

その「関与と支援」が今は、「競争」という〝論調〟と、中国に「圧力」を加えよう、必要であれば中国との経済社会関係を部分的であっても「分離」しようという〝政策〟のセットにシフトしているわけです。

関与（論調）と支援（政策）
↓
競争（論調）と分離（政策）

アメリカの対中批判にはおかしなところもある

ディベートを読むと気づきますが、中国側の論者のマブバニや王は、中国はそれなりに変わってきているという主張をしています。一方、ピルズベリーやマクマスターなどアメリカ側の、ワシントンの人たちは、中国の人々はスマホを使って最新のサービスや派手な文化を享受して楽しそうに生きているけれど、それでも民主化しないじゃないか、そして国際秩序に挑戦をはじめているではないか、というように考えています。しかし実際のところ、中国が豊かになり人々の生活が改善し、社会も様変わりしたことは確かな事実です。中国が経済成長すれば同時に民主化するというのはアメリカ側の期待であったに過ぎません。これは一方的な批判だと感じます。

アメリカという国は、他の国のことをものすごく調べて勉強して、中国政策、日本政策、アジア政策などを組むわけですが、アメリカ的な価値観というプリズムを通して考えるところも強い。賢明な読者の皆さんは、ピルズベリーやマクマスターの発言を読んで、決めつけが強いと感じるところも多々あると思います。

それでも一番重要なのは「アメリカが政策を変えた」という現実を見ること

しかし本書を読み、世界情勢について考える、その時、一番重要なことは、「アメリカが政策を変えた」という現実を見ることです。傍《はた》から見ていていかに不公平だったり、アメリカの中国に対する見方が甘かったりしても、それでもアメリカは変わりました。それは世界にとってものすごくインパクトがあるのです。マクマスターやピルズベリーに代表されるようなワシントンの考え方は視野が狭い、と批判したところで意味はありません。マクマスターやピルズベリーのような考えがアメリカの政策と表裏一体の関係にあり、アメリカは変わる。我々はアメリカが変わることを止められません。アメリカ外交というのは、これまでの外交史を見ても、国内のさまざまな議論や、他国に対する見方によって形成されるものです。そのアメリカの対中政策が、「関与と支援」から「競争と分離」に変わった。米中関係の安定よりも圧力を重視するようになった。この状況はアメリカ自身のロジックで動いているのであって、間違いだったとしても、そういうものだと思って観察し、だからこそ日本はどう振る舞うべきなのか、アメリカ国内の議論や世界の論調にどう影響を与えるべきかと考えなくてはいけません。

「現実を単純化しすぎた見解」「願望に基づく規範的な見解」に要注意

同時に私たちは、メディアを通じて接する見方の多くが、現実を単純化し過ぎていることにも気を付けなくてはいけません。アメリカの中国政策が一気に進むとか、中国経済をすべて分離するとか、そこまですぐに結論を出すのはよろしくない。なぜかというと、アメリカ人も、日本で語っている評論家の多くもそうですが、こうあるべきだという規範的な意見を述べる人がとても多い。たとえば中国をたたきつぶすべきだという自分の願望・考えが根底にあって、その考えに沿う形で、「アメリカは冷戦になっても、グローバル化を破壊してでも、中国経済を破壊してでも中国を追い詰めていく」という趣旨のことを述べる人もいます。しかし、アメリカの中でも産業界を含めて様々な議論があるわけです。アメリカの中の議論をちゃんと見ておかないといけない。ところがこれを一方的に、「アメリカはもう決めたんだよ、冷戦になったんだよ」などと言うのは間違いです。

アメリカは民主的な国で、アメリカの中の議論の衝突で政策ができていきます。また今後、大統領選挙もあります。ですので、まだわからないのです。今までの関与政策の前提やコンセンサスは、確かに崩れました。米中関係は、貿易協議・第一段階で悪化傾向に小休止がみられましたが、新型コロナウイルスの感染が両国、そして世界に拡大する中、トランプ政権と中国の批判合戦となり、ふたたび関係を悪化させています。しかし、大統領選挙を経て、今後どうなるかは国内議論や政治動向によってまだまだ変わる余地があるので、結論を急いではいけません。今後の米中関係については、解説の最後で改めて扱います。

マクマスターは、今のアメリカ対中戦略の主流を体現

さて、ディベーター4名について、少し解説しておきましょう。

マクマスターは米陸軍の頭脳派、知識人的な軍人です。ベトナム戦争に関する著作もあり、将来を嘱望《しょくぼう》されていました。トランプ政権では、国家安全保障問題の大統領補佐官に任じられました。任じられている間、彼は北朝鮮への限定軍事攻撃を主張したことで知られますが、中国に関しては先に触れた「国家安全保障戦略」などを策定し、中国政策を転換させていく時期にホワイトハウスで外交安全保障の司令塔を務めていたということになります。1年程度で大統領補佐官を離任し、現在はハドソン研究所に籍をおいています。マクマスターは中国政策そのものを長く扱ってきたわけではないですが、政権の中枢で安全保障政策をコントロールしていた経験があることに加え、軍の考え方を非常によく理解している人です。その意味で、今のアメリカの中国戦略の主流の考え方を体現していると言って差し支えないと思います。中国の政治体制への違和感を強め、そしてアメリカの世界における地位に対する中国の挑戦に立ち向かわなければいけないという政策を好むマクマス

ター的な世界観が、今のアメリカ、ワシントンの雰囲気を代表していると言っていいでしょう。

ピルズベリーは「異端」。だが、ワシントン全体の右傾化によって中心的人物に

一方、ピルズベリーはもともとは対中政策グループの一員であり、80年代から様々な仕事をしてきた人です。2015年に“*The Hundred-year Marathon*”（邦訳：『China2049 秘密裏に遂行される「世界覇権100年戦略」』日経BP社）を出して、それまでの自分の中国との関係や見方を反省したということになっています。

ピルズベリーについて重要なのは、彼の評価が、2015年に本が出た当初に比べるとどんどん高まって今に至っているという点です。原著“*The Hundred-year Marathon*”が出た時、ワシントンの中での評価は「異端」でした。ワシントンの専門家の大多数が、「あの本は極論だ」と言っていました。2015年のアメリカはオバマ政権です。今の対中強硬論とは違いますが、それでもサイバー攻撃や南シナ海の話が既にあり、中国のミサイル戦略がこのまま進めば米海軍の空母が自由に動けなくなるという問題意識が強くありました。中国の話を真剣に議論している時期でした。その時ですら、ピルズベリーの本は極端な議論とみなされていました。

日本では邦訳版がかなり売れたと聞いています。ですからあえてこの点を書いておきたいのです。ピルズベリーの中国批判は最初から評価されていたわけではありません。ところが本が出た後、ピルズベリーを取り巻くアメリカの政治環境の方が変わっていくのです。アメリカの雰囲気が対中強硬に変わり、いわば右ブレしたことで、ピルズベリーの議論に光が当たってきます。トランプ大統領

との距離も近いといわれており、今や「ニューヨーク・タイムズ」紙や「ワシントン・ポスト」紙が、トランプ大統領のアドバイザーとしてピルズベリーを紹介しています。ピルズベリーは変わっていません。世間の判断軸がぶれた結果、ピルズベリーがメインストリームに近い場所に来たということです。なお、ピルズベリー以上に保守的な対中強硬論も最近では存在しています。

マクマスターの考え方は「政策的」。ピルズベリーの考え方は「規範的」

注意すべきなのは、ピルズベリーの考え方が「規範的」であることです。本書を読む際に気を付けているとわかりますが、マクマスターは、「今、中国がどう振る舞っているか、どういう風にしようとしているか」、その現実の部分を問題にしています。非常に「政策的」なのですね。一方、ピルズベリーは、これまでの中国の振る舞いも含めて、中国の隠れた計画を明るみにしたい、暴露したいという、著書にも見られた問題意識をそのまま持って発言しています。非常に「規範的」で、中国国内の「タカ派」を強調する言い方は一歩間違うと陰謀論になってしまうような危うさも含んでいます。とはいえ、(天安門事件後も)中国は次世代の指導者に導かれれば変わると信じていたが実際にはそうならなかった、というピルズベリーの自省の弁は多くのアメリカ人専門家、政治家が共有しているものです。

マブバニは、世界の中にある、アメリカの対中強硬策に関する不満を表現

マブバニは、日本ではあまり知られていませんが、国際論壇を代表する知識人の一人です。経歴

的には、シンガポールの外交官、最後は国連大使を務めた人ですが、きわめて頭脳明晰《めいせき》、そして歯に衣着せぬ発言で知られ、世界の主要メディアや国際会議において非常に強い存在感がある人物です。ちなみに、インド系シンガポール人で、移民2世にあたります。

著作も多く、何冊か邦訳もされています。著作中でも述べている彼の基本的な主張は、新興国の成長は社会の前進を示しているのだと、非西欧世界の成長を私たちはまず歓迎しなくてはいけないのだと。たとえばトイレの普及に見られるように公衆衛生は改善し、乳幼児の死亡率は下がっているじゃないか、所得も上がっているではないか、世界の生活水準の改善は掛け値なく喜ばしいことだという主張です。

とはいえ非西欧世界の成長を西欧世界は決して歓迎していない——これがマブバニの言っているもう一つのことです。例を挙げると、国際機関、たとえばＩＭＦ、世界銀行を見てくださいと。結局トップは西欧が手放さないじゃないか、と。実際そうですよね。ＩＭＦはヨーロッパ系、世界銀行はアメリカ系などと、非常にわかりやすく決まっているわけです。「非西欧世界の台頭を西欧世界は歓迎していない、そしてこれからもしないだろう。これは問題である」——これがマブバニの元々の立場で、このディベートの中でも存分にその主張を展開しています。

米中問題に関していえば、マブバニが言いたいのは、アメリカは冷静さを失っているということです。彼は中国の問題を無視しているわけではなく、中国を見るときには正しく恐れて正しくアプローチすることが重要だと言っています。正しいアプローチとは主権とルールに基づいた多国間主義であり、そのために国連やグローバルガバナンスを使うべきだと言っています。

加えてマブバニがもう一つ言っているのは、中国が進歩してきたことを評価しないとフェアではないということで、これがマブバニの立ち位置を端的に表しています。

マブバニが表現しているのは、世界の中にある、アメリカの対中強硬策に関する不満です。司会のグリフィスも、アメリカは国際秩序ではなく国益を守りたいだけではないかとマクマスターに問いかけていますが（20ページ）、確かに世界にはアメリカの政策が自国のためのものではないか、グローバル化から恩恵を受けてきた国際秩序をむしろ足止めさせてしまうのではないかと懸念する論調があります。マブバニが表現している不満の中身は、日本やヨーロッパ、オーストラリアがアメリカの対中政策に対してもっている違和感とは微妙に違うところがありますが、重なる部分も多くあります。今のアメリカの対中強硬策を、ものすごく上品な言い方で、ロジックを立てて批判しているわけです。

王輝耀は、ザ・中国

王輝耀は、自らの政策シンクタンクを主宰していますが、同時に、これまで中国政府の役職を歴任し、現在も兼職している人物です。王輝耀の発言は、大筋では、今の中国政府の言い分とかなり近いものです。中国の今の対話の仕方はまさにこうなんです。アメリカの対中姿勢は変わってしまったけれど、短期的にはうまく言いくるめておこう、米中関係を安定させておこう、ただ長期的には米中のイデオロギー対決に備えよう、と。この今の中国の方針、対話の仕方をまさに代弁しているかのようにみえるのが王輝耀で、ある種プロパガンダだと思われてもいいから中国の良い部分、前進している部分をとにかく繰り返し主張して取り繕《つくろ》う。しかも彼は、自分の役割をしっかり自覚していて、割り切って意図的にそうしているわけです。

彼はワンメッセージを繰り返しているだけですが、ただ、彼の発言に含まれる事実は事実として受け止める必要はあります。中国社会が変わってきたのは事実ですし、中国がグローバルな世界の一部というのも事実です。

また彼の発言の中で非常に重要なのが、中国など非西欧系の台頭、成長を潰《つぶ》そうとする動きがあるのではないか、そしてその背後には人種差別があるのではないか、という主張です（70ページ）。これについては実際に、裏付けるような発言がアメリカ政府や有識者から出てくる時もあります。

ディベート全体の設計が抜群

ディベート全体について言えるのは、これを仕掛けた人々が、非常にうまくディベートをデザインしているということです。ディベーターについていえば、今のアメリカの主流を象徴し、政策にも明るいマクマスターがいて、より規範的な意見をもち、また長い経験のなかで中国の見方を転向させたピルズベリーがいる。中国政府の見解を代弁するかのような王輝耀がいる。この3人だけだと、米中それぞれの政府に近い代表と米側の中国に厳しい評論家となるけれども、そこにマブバニが加わることで、今の世界の構造ができあがっています。

また、王輝耀は基本ワンメッセージを繰り返すだけで、反論についてはほとんど、意図的にマブバニに丸投げしてしまっています。マブバニが頭が良くてきちんと対応するとわかっているから、彼はそう立ち回ったのだと思います。しかしおそらくこのディベートを仕掛けた人は、王輝耀がそうするだろうということまで読んでキャスティングしているのでしょう。天才的だと思います。

司会のグリフィスも受け答えがうまいです。当意即妙でユーモアもあり、読んでいて笑えて、魅力的です。

「リベラルな国際秩序」について

このディベートは、冒頭に触れたとおり、実際には、中国をどうみるか、アメリカと世界はどう対応すべきかという大きな論点を中心に展開しています。とはいえ、ディベートの議題は「中国はリベラルな国際秩序に対する脅威か」ですので、議題に含まれている「リベラルな国際秩序」について簡単に補足しておきましょう。

マブバニが整理するように、「リベラルな国際秩序」と「リベラルな国内政治体制」の区別はしておくべきです。「リベラルな」というのは、「リベラリズム（自由主義）の考えに沿った」ということですから、中国の国内では自由主義がかなり制約されている、むしろ近年より厳しい状況に置かれていることは衆目の一致するところです。王には反論がありそうですが、残りの三者はその点では一致しています。

他方で、リベラルな国際秩序というのは、ディベーターによって定義が少し異なっています。マブバニは主権をもった国家の間にあるルールによって形成されていることを重要視していますが、他方でマクマスターとピルズベリーは中国の政治的価値観が異なることを強調し、国際秩序に非民主主義的なものを広めようとしていると批判しています。

さらに、マクマスターやピルズベリーがこの言葉を使う場合、リベラルな国際秩序というものが完璧にできあがっていて、それに対して中国が挑戦をしている、というニュアンスで使っているようにもみえます。この点についてはマブバニが反論するように、マクマスターとピルズベリーは国内政治と国際秩序を意図的に混同しているようにみえます。しかし、戦後秩序は当初から今と同じリベラルな国際秩序であったわけではありませんでした。人種問題、植民地解放にみられるように、ルールや背景にある価値観は、変わってきたのです。

リベラリズムの考えには、進歩という考えが本来含まれています。国内政治体制で中国がリベラルな価値の面で進歩しているかは大いに疑問がありますが、国際秩序において中国の行動は平和構築や環境保護でも、貿易でも、少しずつ前に進んでいるのは事実です。ディベートのなかでは第二の国連分担金負担国という指摘もあります。最近でも、新型コロナウイルス感染症の発生後に、中国政府が欧州などへ大規模な援助を始めていることが報道されています。中国に問題がないとはいいませんが、国際秩序のなかでの振る舞いといえば、トランプ政権の国際ルールや制度の軽視は目に余るものがあります。

この点を、マクマスターやピルズベリーは意図的に無視しています。もし、問いが、「中国はアメリカのリーダーシップに対する挑戦か?」というものであれば、彼らの議論は正しい。しかし、彼らの話の前提に見え隠れする、リベラルな国際秩序に対する硬直的なとらえ方には疑問が残ります。

なぜマクマスターやピルズベリーがそういうとらえ方をするかというと、彼らはあまりにも「アメリカは正しい」という前提を強くもちすぎている、アメリカの無謬性《むびゅうせい》を疑っていないからだと思います。しかしディベートでマブバニが、貧富の差の問題やグアンタナモの捕虜の扱いなどを例に挙げて指摘しているように、アメリカはもちろんリベラリズムの観点からいえば無謬ではないわけです。トランプ政権はファーウェイ社の通信機器による情報流出の脅威を唱えていますが、オバマ政権は同盟国の首脳にも盗聴を続けてきたことが欧州で強く批判されてきましたし、最近でもアメリカと西ドイツの情報機関が民間事業者を通じて解読しやすい暗号化装置を長年にわたり各国政府に売り続けてきたことが報道されています。

私はここで、マクマスターとピルズベリーがまったく間違っていると糾弾《きゅうだん》したいのではありません。彼らは彼らの立場の考え方を言っているのだと思います。リベラルな国際秩序うんぬんにかかわらず、「中国はアメリカのリーダーシップと覇権に対する挑戦なのだ」「それはアメリカの同盟国にとっても同様だ」と、このことを、同盟国であるカナダで行われているディベートにおいて、彼らは言っているわけです。まさにリベラルな政治体制を目指し続けているカナダでは、中国の国内政治体制を批判することも理にかなっています。

米中関係の現状

さて、この解説も長くなりましたので、そろそろまとめにはいりましょう。まず、米中関係の今後を考えた上で、日本にとってのこのディベートの意義を考えます。

前述の通り、2017年から始まったトランプ政権が、貿易戦争という看板を掲げて水門を開き、それがきっかけとなってアメリカの中国政策が変わりました。「関与と支援」から「競争と分離」への変化です。このディベートが行われた2019年5月以降の状況を見てみても、状況はあまり変わっていません。確かに、先に掲げた年表にもある通り、貿易交渉が一応成立し、第一段階の合意ができあがり、為替操作国指定が解除されたことで、米中関係は一服の段階になりました。しかしアメリカの安全保障政策、外交政策全般、または輸出管理の強化や技術窃取《せっしゅ》への対応など、全般的に見ると中国に対する警戒自体はまったく緩んでいません。むしろ競争というものを長期的に続けていく方向の動きです。部分的にでも中国との関係を分離するほうに見直さなくてはいけない。または不関与（disengagement）の政策手段をとらなくてはいけない、特定の企業を狙い撃つことも辞さない。こういったことが強く言われるようになり、その流れのなかに今があります。こうした流れは貿易戦争によって開いたわけですが、その問題意識の中核にあるのは、中国がこのままだと平等な競争相手になるほどのパワーで競ってくるということです。これに対するアメリカの恐れが相当強くあります。そうならないための手段としての「競争と分離」なわけです。

これに対して中国は、短期的にはうまく言い繕《つくろ》って立ち回り、一方で長期的にはこの非常にまずい状況に備えるしかない、というような動きをしています。具体的には、（限界も相当あるのですが）技術の内製化を進めています。中国はアメリカの「競争」の方針が長期的に維持されることを織り込みながら、政策対応をしていると考えたほうがいいだろうと思います。それは、2019年末の第一段階の合意の有無にかかわらず変わっていないと思います。新型コロナウィルス感染症の発生後も、国際世論を意識した対応と各国への支援を行っていますが、それも今後の国際秩序における影響力向上を狙ったものです。

今後のアメリカ──米国内の動きをフローで見るべき

今後、アメリカがどう動くか。言えるのは、前述の通り、アメリカはアメリカの論理で動くということです。我々が、アメリカは中国やアジアのことをわかっていないと思ったとしても、それはそれです。アメリカの外交は独自の論理と状況認識で決まっているのでそれを嘆いても始まりません。それはそれとして、分析すべきです。だからと言って硬直的に見てもいけません。ストックではなくフローで見るべきだと思います。物事は変わりますから。アメリカはアメリカの中のロジックで変わるのだということをちゃんと見てほしいと思います。

その観点に立てば、アメリカは今こそ右にふれています──対決重視になってきました──が、そのうち左にふれる──中国との協力を重視する──可能性もなくはない。特にトランプ政権が続くとした場合、トランプというのはどちらにもなり得るわけです。新型コロナウイルス感染症が発生した後、米中舌戦ともいえる状況が生じ、トランプもそれまでと異なり、かなり中国を批判しました。それは新型コロナウイルス感染症への対応が遅れてしまったため、国内批判をかわすため、という文脈が強いものでした。

今トランプ政権は対中強硬の雰囲気で一致していて、議会も一致していますが、トランプ大統領自身は別人です。トランプはトランプなのです。経済的な誘惑に誘われて、今後いきなり中国との協力重視に方針を転換してしまう可能性は捨てきれない。アメリカにおいて大統領は外交に関する権限を握り、軍の最高司令官を兼ねて、非常に強い力をもっています。その大統領は、今は確かに右にぶれていますが、常に方向を変える力を持っている。だから別の展開も考えておかないといけません。

そこに知的に備えるならディベートの中にも出てくる「トゥキディデスの罠」を唱えたグラハム・アリソン（ハーバード大学教授）の著書*"Destined for War"*（邦訳：『米中戦争前夜』ダイヤモンド社）を読んでいたほうが良いでしょう。アリソンが言っていることは、二つの大国、これまでの支配的大国に対して挑戦国が迫ってくると、歴史の常として戦争が起こるからここは妥協するしかないのだ、ということです。妥協の中に、たとえば朝鮮半島をあきらめろとか、南シナ海をあきらめろなどというかなり過激な主張が含まれています。宥和《ゆうわ》に近い考え方といえるでしょう。そこまでの極論ではありませんが、キッシンジャーの*"On China"*（邦訳：『中国――キッシンジャー回想録』岩波書店）も大局的視野に立って対中関係を安定させようという哲学を感じさせる本として、一読の価値があります。従来の関与に通じる思考の筋道が整理されています。

今後の米中関係

とはいえ、私はそこまでの急転換よりも、現在の対決姿勢の微調整という展開の方がありそうだと考えています。

アメリカ国内にはマブバニ的ではなくとも、中国との向かい合い方が今ほど対決的であってはいけないと考える人は大勢います。その典型例としてよく言われるのが、「ワシントン・ポスト」紙などに掲載された「中国は敵ではない（China is not an enemy）」という百数十名が署名をした記事です。署名した人のなかには、たとえばエズラ・ヴォーゲルやジョセフ・ナイ、ジェラルド・カーティスなど、日本人が知っている有力者も大勢います。中国に対して対決的な政策をとるべきでない、確かに中国には問題があるけれども正しく向かい合う必要がある、より現実的なアプローチをとるべきだ、という内容の署名記事です。

こうした押し戻しが、だいぶ見られます。最近では、著名アンカーのファリード・ザカリア（ムンク・ディベートにもディベーターとして複数回登壇）も「フォーリン・アフェアーズ」誌（2020年1・2月号）に、過度な対中対決姿勢を諫《いさ》める趣旨の論文を掲載しています。

トランプ政権が続くことになれば、安全保障やイデオロギーの面での警戒を高めていきながら、貿易協議を再開したり、新型コロナウイルスに関連する協力を模索したりするかもしれません。

2020年のアメリカ大統領選挙は、民主党はバイデン候補を立てることでほぼ間違いがないでしょう。もしバイデン候補が当選すれば、政策は全般的に「トランプ政権がやってきたこと以外を政策にしよう（Anything But Trump: ABT）」という雰囲気に包まれます。対中政策に関しては、中国との技術覇権争いや、知的財産権や国有企業への補助金といった問題への関心は民主党にも共通しますが、関税という手段はまず採用されないと思います。安全保障の視点を加えても、おそらく民主党の政権になれば同盟国と歩調を合わせたアプローチを重視しますので、強硬な政策のスピードは少なくとも落ちてくると考えられます。他方で、民主党は人権問題に強い関心をもちますから、中国はこれまでとは異なる緊張感を対米関係に感じることになると予想しています。

日本と日本人にとっての、このディベートの意義

今後日本がアメリカや中国、そして米中関係にどうやって向かい合っていくのか。これは日本人が自身で考えるべき話です。アメリカの対中政策は今後も変化の可能性があります。もしそうなっても、以前のようなアメリカの「関与」で米中関係が安定している、という状態に戻ることはないと考えた方が良さそうです。アメリカの中国へのライバル心は消えることはなく、米中は競争的な関係であり続けていく。アメリカは経済外交や軍事力を駆使して、中国政策を組み上げていくでしょう。軍事衝突という意味での戦争を避けようとする慎重さは両政府とも持ち合わせていますが、危機管理のメカニズムが弱いことも心配です。

日本は確かにアメリカの同盟国ですが、中国と経済的にも社会的にも深いつながりがあります。その日本が、米中関係が本当に冷戦に進んでいきそうになった時、どういう立ち位置をとるのか、または狭間で苦しい立場に陥らないために何をすればいいのか、我々の経済活動を維持するためにどうしたらいいのか、国際秩序はどうあるべきなのか、こういった問いを考えておく必要があると思います。日本人がこのディベートをどう読むかは、非常に重要だと思います。

米中貿易協議などの交渉はニュースにもよくなります。しかしマブバニではありませんが、貿易戦争は問題の本質ではありません。注意すべきなのはメディアは極論に飛びつき、またトランプの発言ばかりを取り上げがちだということです。さきの問いに答えるためには、表面的なニュース報道をみているだけでは不十分です。

それを補うために、本書のような本を読んで、そもそもどういう点で意見が対立しているのか、

アメリカ、中国、そして世界を代表する論客が世界観や戦略をどういう言葉で語っているのかを知り、考えることが大切です。

本書に収録されているディベートを読む際には、4人が四者四様の立場をもっていて、単なる賛成2 vs. 反対2の対決ではないということにも注意してください。基本は、1対1対1対1で、2対2になっているところもあれば、2対2になっていないところもあります。一人ひとりの発言として読むことが重要だと思います。マブバニと王を同一視するのは大きな間違いですし、マクマスターとピルズベリーも対中強硬論で一致し、さらに同じ研究所に所属しているとはいえ、バックラウンドも思考の道筋も全く異なります。

さらに、自分の中にある中国に対する不満、アメリカに対する不満というものを、この中にいる論者の誰かが満たしてくれた、ということで止まらないことも大切です。「私はこの人の意見が好きだ」というところで終わるのではなく、このディベートでの意見のぶつかり合いに今の世界が閉じ込められていることを読み解き、ではどうするかを自分の立場で考えていく。本書は時間をかけて読むに値するものだと思います。

国際政治の話は、誰もが心づもりをしておかないといけない話です。確かに日々の生活からすれば、意識の上で最も遠いところにあるものが国際政治や国際秩序かもしれません。しかし世界はいきなり変わってしまいます。そして生活に大きな変化を強いることになります。本書のようにスケールの大きな議論を読むことで、変化の時代にも対応できる思考の準備ができることでしょう。

2020年3月30日

◉討論者

H・R・マクマスター（ハーバート・レイモンド・マクマスター）

H.R. McMaster (Herbert Raymond McMaster)

元・国家安全保障問題担当アメリカ大統領補佐官（2017年2月～18年4月。トランプ政権）。現在、ハドソン研究所の日本部長。フーバー戦争・革命・平和研究所のシニア・フェローでもある。軍事史の博士号をもち、「タイム」誌の「世界で最も影響力をもつ人々」の一人に選ばれた。ベストセラーとなった『職務怠慢――リンドン・ジョンソン、ロバート・マクナマラ、統合参謀本部、そしてベトナム戦争を引き起こした嘘』（未訳）（*Dereliction of Duty: Lyndon Johnson, Robert McNamara, the Joint Chiefs of Staff and the Lies That Led to Vietnam*）の著者。1962年生まれ。

マイケル・ピルズベリー *Michael Pillsbury*

ワシントンDCのハドソン研究所中国戦略センター所長。中国に関する権威として知られ、中国との関係に関するアメリカ政府の重要なアドバイザーでもある。コロンビア大学で博士号を取得、国連やランド研究所でも重要な役職を務めた。『China2049 秘密裏に遂行される「世界覇権100年戦略」』（*The Hundred-Year Marathon: China's Secret Strategy to Replace America as the Global Superpower*）（日経BP社）の著者。1945年生まれ。

キショール・マブバニ *Kishore Mahbubani*

国立シンガポール大学上級顧問兼公共政策教授。知識人・論客として、世界的に名を知られている。シンガポールの外交官として、カンボジア、マレーシア、アメリカ合衆国、国際連合に駐在。国連安全保障理事会議長を務めた。著書に、『「アジア半球」が世界を動かす』北沢格 訳、緒方貞子 解説（日経BP）、『西洋は終わったのか？』（*Has the West Lost It?*）（未訳）など。1948年生まれ。

王輝耀《ワンフイヤオ》（ヘンリー・ワン） *Huiyao Wang*

中国の主要な独立シンクタンクの一つである「中国とグローバル化シンクタンク」の創設者で会長。ウェスタン大学とマンチェスター大学で学び、国際ビジネス経営学の博士号を取得。ハーバード大学ケネディー公共政策大学院とカナダのアジア太平洋財団のシニア・フェローだった。多くの著編書があり、「中国新聞週刊」誌による「2018年最も影響力のある人々」の一人に選ばれた。1958年生まれ。

◉司会および原著編集者

ラッドヤード・グリフィス *Rudyard Griffiths*

ムンク・ディベートの司会者であり、オーリア慈善財団のプレジデント。2006年には、「グローブ・アンド・メール」紙によって、カナダの「40歳未満のトップ40」の一人に選ばれた。歴史、政治、国際問題についての13冊の本を編集し、そのうち、『私たちは何者なのか——市民のマニフェスト』(*Who We Are: A Citizen's Manifesto*)(未訳)は「グローブ・アンド・メール」紙の「2009年ベスト・ブック」に選ばれ、政治関係の著作を対象とするショーネシー・コーエン賞の最終候補にもなった。妻と二人の子とともに、トロントに住んでいる。1970年生まれ。

◉訳者

船山むつみ(ふなやま・むつみ)

翻訳家。東北大学文学部(フランス文学専攻)、慶應義塾大学法学部(政治学科)卒業。日経国際ニュースセンター、在日本スイス大使館科学技術部、「ニューズウィーク日本版」翻訳者などを経て、現職。訳書に『7つの階級——英国階級調査報告』(東洋経済新報社)、『25年目の「ただいま」』(静山社)、『背教のファラオ——アクエンアテンの秘宝』(河出書房新社)など。全国通訳案内士(英語、中国語、フランス語)

◉解説者

佐橋 亮(さはし・りょう)

東京大学東洋文化研究所准教授。国際政治学者。専門は米中関係、アメリカと東アジア、アジア太平洋の安全保障秩序と制度。著書に『共存の模索:アメリカと「2つの中国」の冷戦史』(勁草書房)、編著に『冷戦後の東アジア秩序:秩序形成をめぐる各国の構想』(勁草書房)。訳書にアーロン・フリードバーグ『支配への競争:米中対立の構図とアジアの将来』(日本評論社)。論文は日本語、英語、中国語にて多数。日本台湾学会賞などを受賞。1978年、東京生まれ。

DTP　菊地和幸
編集協力　齋藤美帆

CHINA AND THE WEST

First published 2020 in Japan by Rakkousha, Inc.
Japanese translation rights arranged with House of Anansi Press Inc.
through Japan Uni Agency, Inc.

CHINA AND THE WEST
中国はリベラルな国際秩序に対する脅威か?

発行日	2020年5月4日　第1刷
著者	H・R・マクマスター マイケル・ピルズベリー キショール・マブバニ 王輝耀 ラッドヤード・グリフィス
訳者	舩山むつみ
解説	佐橋 亮
発行所	株式会社 楽工社 〒190-0011 東京都立川市高松町3-13-22春城ビル2F 電話 042-521-6803 www.rakkousha.co.jp
印刷・製本	大日本印刷株式会社
ブックデザイン	トサカデザイン(戸倉 巌、小酒保子)

ISBN978-4-903063-92-8

好評既刊

歴史を変えた 6つの飲物

ビール、ワイン、蒸留酒、コーヒー、茶、コーラが語る もうひとつの世界史

トム・スタンデージ著

定価（本体2700円＋税）

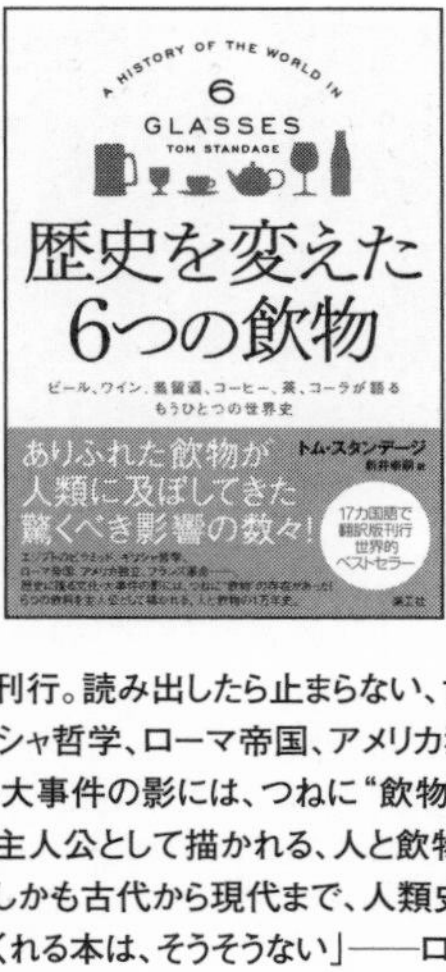

17カ国語で翻訳版刊行。読み出したら止まらない、世界的ベストセラー!

エジプトのピラミッド、ギリシャ哲学、ローマ帝国、アメリカ独立、フランス革命……。

歴史に残る文化・大事件の影には、つねに"飲物"の存在があった!

6つの飲料を主人公として描かれる、人と飲物の1万年史。

「こんなにも面白くて、しかも古代から現代まで、人類史を短時間で集中的に
説得力をもって教えてくれる本は、そうそうない」――ロサンゼルス・タイムズ紙